JN058989

NGから学ぶ
本気の伝え方

あなたも子どものやる気を引き出せる!

［著］
児童精神科医・医学博士
宮口幸治
小学校教諭
田中繁富

明石書店

はじめに

なぜ本書なのか？

私は長年少年院に勤務してきましたが、そこにはやる気のない非行少年たちが大勢いました。「どうせやっても無駄」と最初から否定的でやろうとしないのです。しかしみんなが根っからやる気がないわけではなく、少し工夫をしてみると先を争って頑張ろうとする姿がありました。子どもの頃から幾度となく「こんなのも分からないの？」と不適切な言葉をかけられてきた少年たちは「人から認められたい」という気持ちがとても強いことを知りました。

学校でも「どうせやっても無駄」と思って、やる気のない子どもがいるでしょう。大人のふとした言葉かけや指導で、やる気を失っていることがあります。そのような子どもたちでも、もっと自分をみてほしい、認めてほしい、という気持ちがあり、そこをうまく理解してあげると自信につながり、次第にやる気が出てくる可能性があるのです。

本書のねらいは、大人によるそういった「子どものやる気をなくすNG」を考えることで、逆に子どものやる気を引き出す多くのヒントを見つけていくことにあります。

どのような内容か？

「保護者や先生がよかれと思って子どもに対してした言葉かけや指導がきっかけで、余計にやる気をなくした、気分が落ち込んだ、勉強嫌いになったという話はいっぱいあるだろう。そういった過ったストーリーを考えてみよう」と現在小学校で教諭をしている共著者の田中繁富氏と何度も話し合いました。同時に、先生から保護者への言葉かけにも同様なものもあり、それも一緒に考えてみました。そこで出てきたキーワードは「不安」「安心感」です。

4ページの「本書のねらい」のように、大人がもつ子どもへの「不安」がもとで子どもに余計な言葉かけをしてしまい、子どもはやる気を失ってしまうことがあるのです。そこで本書は30のケースを通して、子どもの気持ちを理解し、また大人自身も自分の言動に気づくことで、保護者と先生が協力・信頼し合い、子どものやる気を引き出せる方法を説明していきます。

本書の構成は？

心理的に気持ちを落ち込ませるNG：心理編（10）、勉強へのやる気をなくさせるNG：勉強編：15（一般：7、教科別：8）、学校の先生が保護者に言葉かけする際に、保護者の養育意欲を失わせるNG：保護者編（5）の計30テーマを、1テーマずつあげ、なぜそれらの指導や言葉かけがよくないのか？　では、どうしたほうがいいのか？　を順に解説しました。それぞれがイラストと4コマ漫画でより読みやすく理解が深まるよう作られています。さらに各編の最後には総括としてまとめのページと、随所にコラムを挿入してあります。

本書の使い方は？

みなさまが普段やってしまっている言葉かけと同じようなものがあれば、まずそこから目を通してみましょう。そしてなぜダメなのか？　そしてどうすればいいのか？　のヒントにして頂ければと思います。本書は学童期の子どもをもつ保護者の方々、そして小学校の先生方を対象にしておりますが、やる気をなくして困るのは子どもだけではありません。例えば新入社員への言葉かけ、夫婦間での言葉かけ、友人・知人への言葉かけ、などでも本書と共通したNGがありますので、きっと役立つことと思います。

最後になりましたが本書の執筆の機会を頂きました明石書店様には心より感謝申し上げます。

立命館大学教授　児童精神科医　宮口 幸治

本書のねらい

- 大人の子どもへの不安から
余計な言葉をかけ、やる気を奪う!
- 先生の保護者への過度の期待から
保護者の不信感を生む!

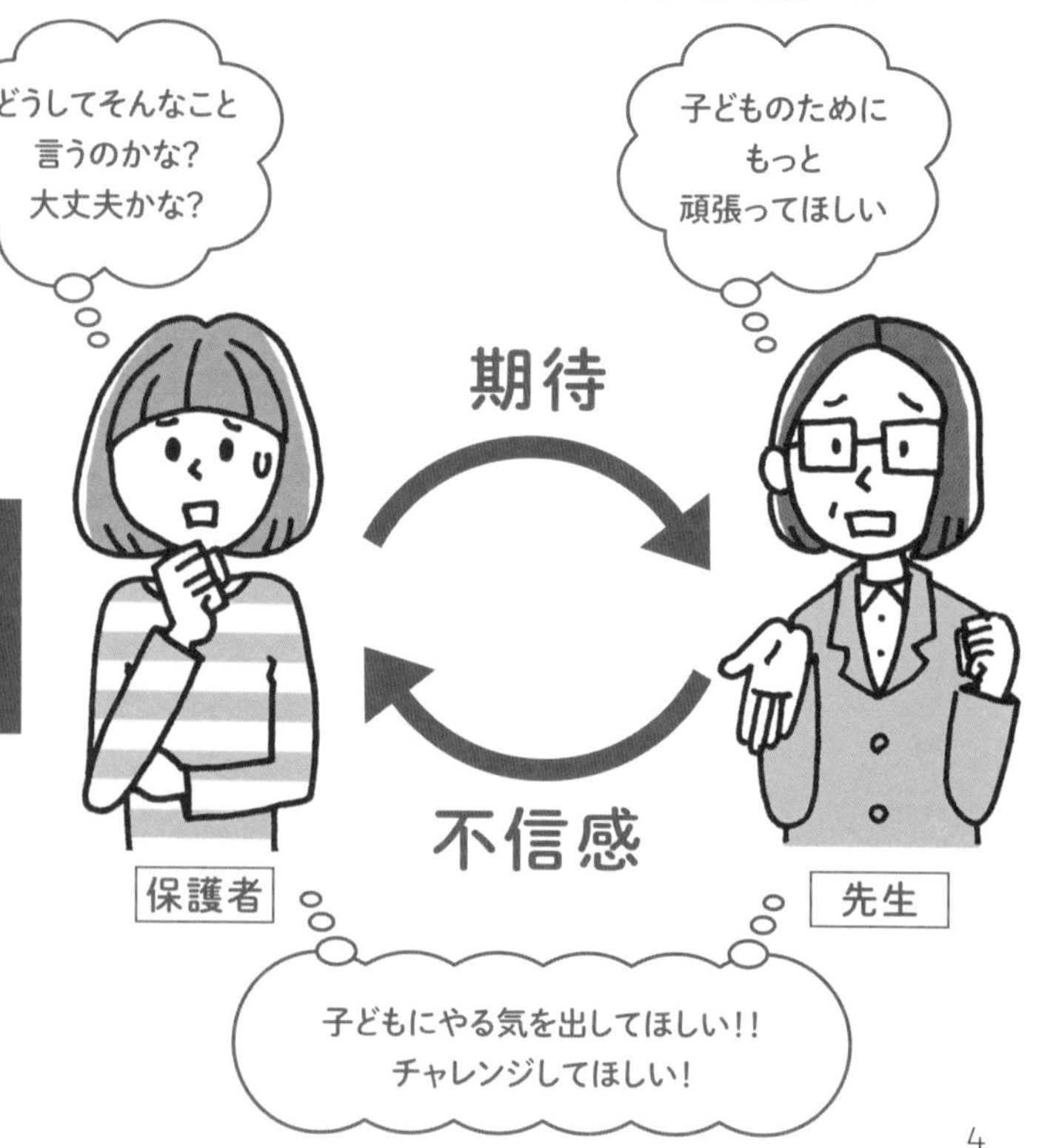

子どものやる気を奪う余計な言葉かけは大人がもつ子どもへの「不安」から生じます。また先生も保護者への期待から保護者に余計な言葉かけをしてしまいます。

子どものやる気を奪う
30のNG

そこで…

- 子どもの本当の気持ちを理解する
- 大人自身が、子どものやる気を奪っていた自分の言動に気づく
- 保護者へ期待をかけすぎない／追い詰めない
- 子どもの成長という目標を共有する
- 保護者と先生が協力し合い、子どもとの相互交流をはかる

そこで本書は30のケースを通して、子どもの本当の気持ちを理解し、大人自身も自分の言動に気づく、といった観点から、保護者と先生が協力し合って、大人と子どもの相互交流をはかり、子どものやる気を引き出すことを目的としています。

いいかも！
できるかも！

相互交流

子ども

目次

第1章 心理編 心理的に気持ちを落ち込ませるNG

第2章 勉強へのやる気をなくさせるNG

勉強編（一般）

勉強編（教科別）

第3章 保護者編 保護者の養育意欲を失わせるNG

第1章

心理編

心理的に
気持ちを落ち込ませる
NG

ついしがちな言葉かけ

（子どもの話を聞いた後に）「そう。分かった。でもね・・・」

NG

親の考えを押し付けてしまう

Aさんは「お母さん、今日ね、こんなことがあって…」と学校であった嫌なことをお母さんに話しました。お母さんが「そう。そんな嫌なことがあったのね。それは悲しかったね」と言うと、Aさんはお母さんに話せて少しホッとしました。その後、お母さんはこう続けました。「でもね。それはあなたにも問題はないの？」それを聞いてAさんは急に元気がなくなりました。

●どうして元気がなくなってしまったのか？

子どもを支援する上で〝子どもの話をよく聞いてあげる〟というのはどこでもよく言われていることです。しかし実際には大人は子どもの話を聞いてあげているつもりでもつい説教したり、叱ったり、自分の考えを子どもに押し付けてしまって、本当の意味で聞いてあげていないことが多いようです。右の例も、お母さんはAさんの話を一通りは聞いたのですが、十分にAさんの気持ちに寄り添ってあげずに、すぐに自分の考えを押し付けてしまいました。Aさんは母親からのアドバイスが欲しいのではなく、自分の嫌だった気持ちを分かってほしかったのです。ところが、お母さんから受け入れてもらえるどころか「でもね…」と否定的な言葉をかけられ元気がなくなってしまったのです。

代わりにこのようにしてみましょう！

子どもの話には自分勝手であったり、未熟な内容に聞こえたりすることが多々あり、大人としてはどうしても「でもね、それは…」と言いたくなる気持ちが出てきます。そこはあえてその気持ちを抑えて、すぐには自分の考えやアドバイスを伝えないでおきましょう。そして子どもの話の内容が正しいか間違っているかよりも、なぜそのことを大人に話そうとしたのかを考えてみられるといいでしょう。そもそも子どもが話してくれること自体に意味があります。そしてほとんどの場合、アドバイスよりも分かってくれる人がいるということだけで十分なのです。話の後に、もし子どもが「お母さんはどう思う？」と聞いてきた場合に、子どものペースに合わせながら少しずつ親の考えも伝えていけばいいでしょう。

Point

聞くだけで止める！安心して聞いてもらえる体験を！

ここにも注意

子どもの話を聞くときに、ただ単に聞いていればいいというわけではありません。ときどき相槌(あいづち)や頷(うなず)きを入れる、子どもの発言を繰り返してみる、分かりにくいところは少し質問して詳しく聞いてみる、など、「しっかり聞いているよ」というサインを出してあげましょう。その他、身体の向きを子どもに向ける、視線を合わせる、身を乗り出す、家事などをいったんやめるといった姿勢もちゃんと聞いているという大切なサインです。

ついしがちな言葉かけ

「本当は言いたくないけど、君のためを思って」

余計な前置きを言ってしまう

A君は整理整頓ができず、いつも机が散らかっています。先生はA君が整理整頓が苦手なのは分かっていますので、しばらく様子を見ていましたが、やはりこのままだと将来困ると思って言いました。

「A君、本当は言いたくないけど、もっと整理整頓をしたほうがいいよ。君のためを思って言っているのだよ」と声をかけました。A君はそう言われて表情が曇りました。

●どうして元気がなくなってしまったのか？

大人からすれば子どもを見守りながらもあえて言わねばならないこともあります。子ども自身が気づいてくれればいいのですが、なかなかそうはいきません。しかし伝えたいことの前置きが余計なことがあります。ここでは「言いたくないということ」＝「否定的メッセージ」になります。概して否定的なことを前置きにつけると人は身構えてしまい、素直に聞けなくなります。子どもなら、なおさらです。例えば「ずっと君に我慢してきたけどもう限界だからこれから否定的なメッセージを伝えるよ。君のためを思って」と言っているのと同じです。こう言われて素直に安心して聞ける子どもはいるでしょうか。

さらにこの言葉は、本人はどうしたいか、どう思っているかを確かめず、勝手に相手の行動を決めてしまいますので、ますますやる気を失わせることになります。

代わりにこのようにしてみましょう！

前置きの言葉を使うのなら、これから自分が使う言葉が子どもにとってどう聞こえるかを、いったん自分に問うてみるのがいいでしょう。「本当は言いたくないけど」といった否定的内容の前置きを自分が言われたらどう感じるでしょうか。やはり聞いて気持ちのいいものではないでしょう。そこで例えば「困っているように見えるけど、手伝えることがあるかなと思って」「一緒にできることがあるかなと思って」など、その後から伝えたいことの目的、方向性、見通しが相手に分かるような言葉かけはいかがでしょうか。子どももこれから大人が何を言うか予想が付きますし、叱られるのではなく自分を助けてくれるために言ってくれていると分かれば、安心して聞くことができ最初から拒否的にはならないでしょう。

Point

何か言う前にひと呼吸！その言葉は本当に子どもに必要！

●ここにも注意

たいてい前置きは余計なことが多いようです。ある人について何人かで噂している時に「あの人は悪い人ではないのだけど」と言った後に続ける否定的なメッセージも同様です。そもそも本当に「悪い人」とは付き合わないでしょうし、話題にも上ってきません。「あの人は悪い人ではないのだけど」と使うのは、その人のことをよく思っていないことの裏返しであり、その後に続ける否定的なメッセージへの後ろめたさでもあるのです。

＼ついしがちな言葉かけ／

「勉強したの？明日の用意は？」

やる前に言ってしまう

A君は算数のテストの点数が悪かったので頑張ろうと思っています。家に帰り、テレビを30分見てから勉強しようと考えテレビをつけました。するとお母さんが出てきて「またテレビばっかり見て。宿題は？」と言いました。

A君が「これからするよ」と返事すると、お母さんは「いつもそう言うけどね。明日の準備もね」と続けました。A君はいっぺんに勉強のやる気がなくなりました。

●どうして元気がなくなってしまったのか？

親からすると自分がしっかり言ってあげないと子どもは何もやらないのではと不安を感じ、つい「宿題は？」と言いたくなります。しかし、あることをやろうと思っているときに「○○やったの？」と言われると、出鼻を挫かれ「そんなこと分かっているよ。放っておいて」と言い返したくなります。また、そこでもし宿題をやってしまうと単に親の指示に従ったことにもなってしまいます。

親が「勉強したの？」と言って、それでもし子どもがたまたま勉強すると親は効果があったと勘違いし、その後も「勉強したの？」を繰り返してしまいます。しかし子どもにやる気がないときは言ってもやりませんので、親は混乱して、もっと強く言わなければと思い、いっそう「勉強したの？」と言い続けることになります。

代わりにこのようにしてみましょう!

子どもがテレビを見ていて、〝またか〟と思っても、子どもは学校でいろいろあって疲れているのかもしれないので、まず学校での様子などを聞いてあげましょう。子どもはすぐに〝宿題〟のことを言われないことに安心します。それから、「宿題で分からないことがあったら見てあげるよ」と伝えるなど、子どもが自主的に行動するための手助けをしてあげるといいでしょう。ただ忍耐もいります。時間がかかっても勉強に向かえた時はしっかり認めてあげる、時には一緒に計画を立ててあげるなど、さじ加減が難しく大人の忍耐力も試されるところです。とはいっても「この子は私が言わないと絶対自分で勉強しないんです」という親もおられます。そう言いたくなる気持ちも分かりますが、常にそう言い続けることで子どもが自らやるチャンスを奪っていることもあるのです。

Point

言われてからやるのは嫌!子どもが自主的にできる手助けを!

●ここにも注意

勉強して親からほめてもらおうという気持ちになっている時に「勉強したの？」と言われて勉強をしてしまうと、結果的に親の指示に従っただけになり、ほめてもらえません。しかも親は〝言われたから勉強した〟と誤解します。普段、親からあまりほめてもらっていない子どもの場合では、ほめられたい気持ちが強いほどかたくなに勉強を拒否するでしょう。

心理編

4

／ついしがちな言葉かけ＼

「誰とでも仲良くしないといけないよ」

NG

友だち関係に口出しする

Ｂ君はＡ君にいつもちょっかいをかけてきます。Ａ君はお母さんに「Ｂ君と遊ぶのは嫌だよ。あの子、いつもずるいことするもん」と話しました。お母さんが「どんなずるいことするの？」とたずねると、「ゲームして負けそうになったら怒ったり、嘘つくし」。それを聞いてお母さんは「嫌なことがあっても誰とでも仲良くしなきゃ駄目よ」と続けました。Ａ君は人と遊ぶのが憂鬱になってしまいました。

●どうして元気がなくなってしまったのか？

親にとっては子どもが誰とでも仲良く遊べるようになってほしい、苦手な相手でも仲間外れにしてはいけないという気持ちもあると思います。しかし子どもが思春期に近づくにつれてそれまで仲良しだった友だちと次第に離れていくことがあります。相手のことが嫌になるというより、相手を理解して自分と価値観が共有できるかなどを見極め、より自分に合った友だちを探していく成長過程にあります。子どもが付き合う相手を選ぶというのは、成長した証拠とも言えるのです。

「誰とでも仲良くしないといけない」と言われると相性の合わない友だちとも我慢して付き合うことを強いることになり、そもそも友だちと遊ぶことが憂鬱になってしまうのです。

代わりにこのようにしてみましょう！

どうしてその友だちと遊ぶのが嫌なのか、子どもの言い分を聞いてあげましょう。子どもはどんな気持ちでいるのでしょうか。どうしてその友だちと遊ぶ気がしないのか、相性がよくないのかを子ども自身が話すことで気持ちの整理ができます。その上で、人はみんな性格が違う、いろんな価値観をもった人がいる、いろんな家族背景をもった人がいる、といったことを子どもに伝えてみましょう。あとは子どもの判断に任せ、決して無理強いしないことです。それよりもむしろどのような相手にも基本的な挨拶（おはよう、ありがとう、など）はできるよう大人が率先して手本を見せてあげましょう。

Point

子どもは成長とともに相手を選ぶ！身近な大人が手本に！

●ここにも注意

「○○君と遊びたくない」というのは実は「○○君からいじめを受けている」というサインであったりします。親にはなかなかそう言えないため、「○○君と遊びたくない」と、精いっぱいのサインを送っているのかもしれません。「誰とで仲良くしなさい」という言葉で、いじめに遭っていても相手から逃げられなくなったり、大人に言えなくなったりするおそれもあります。

／ついしがちな言葉かけ＼「天才かも」

NG

プレッシャーをかけてしまう

A君は算数が苦手でテストの点数も悪かったので次は頑張ろうと思い、ヤマをかけて勉強しました。するとヤマが当たり、なんと90点が取れました。A君はとても嬉しくなりお母さんに話したところ「すごいね。算数苦手と思っていたけど、実は天才なんじゃない？これからもこの調子でね」と言われました。これを聞いてA君は急に不安になり勉強をするのが嫌になってきました。

どうして元気がなくなってしまったのか？

親は自分の子どもが何か素晴らしい才能をもっていてほしいという願望があります。そこで子どもがテストでいい点数を取ると〝もっといける！〟と思って、つい「天才かも」という言葉をかけたりしてしまいます。しかし子どもにとればそういった言葉かけが負担になることがあります。右の例では、一度天才だと言われ、当然次も期待されることになります。A君は、たまたまヤマが当たりできただけなのに、もし次ができなければ、親からはとても残念がられると、子どもながら予想できるのです。このためA君は大きなプレッシャーを感じてしまい、不安から勉強への意欲をなくしたのです。もしA君が親の顔色を伺いながら生活しなければいけないような性格であれば、その不安はいっそう強いものになるでしょう。

代わりにこのようにしてみましょう！

テストでいい点数を取ることももちろん大切ですが、子どもにとってもっと大切なのは安心して学べる環境があることです。テストの点数で一喜一憂するのではなく、子どもが自分の能力に見合った結果を出せ、それを適切に認めてもらえる環境なのです。大人からの一方的な評価や期待（子どもがいい点数を取ったからほめる、もっとやればできるはずだ、と絶えず頑張らせようとするなど）は子どもを萎縮させてしまうでしょう。子どもが求めているのは親からの評価以上に一緒に喜んでくれたり悔しがってくれたりすることです。結果を一緒に分かち合う、いい点数で子どもも嬉しいなら親も嬉しいという気持ち、よくない点数なら一緒に受けとめてくれる、そういった安心できる場を作っていきましょう。

Point

評価や期待は子どもを萎縮させることもどんな結果でも一緒に分かち合おう！

●ここにも注意

テストの結果がよくなかったとしても、〝結果よりもその努力や過程を評価してあげましょう〟という指導法もよく聞かれます。しかし場合によっては安心した学びの環境作りには適していないこともあります。〝努力しない子〟〝努力できない子〟は駄目だ、価値がない、というレッテルを貼ることにもなるからです。子どもをほめてやらせようとする大人の意図は、それが叶わないと子どもを否定することにもつながります。

お母さん、テストが返ってきたよ
へへっ
あら、いい点数じゃない!!
算数は苦手だからたまたまだよ
それでもお母さんもうれしいよ
へへっ

＼ついしがちな言葉かけ／

「ほら、言った通りでしょ？」

Aさんは一輪車の練習を頑張っています。しかしお母さんは危ないからやめさせようとしています。そこで「危ないからやめなさい。転んだらどうするの」と声をかけました。しかしAさんはやめようとしませんでした。しばらくしてAさんは転倒し、ひざを擦りむいてしまいました。お母さんは「ほら、だからお母さんの言った通りでしょう」とAさんに言いました。それを聞いてAさんの顔は急に曇りました。

●どうして元気がなくなってしまったのか？

親の言うことを聞かず、無茶をして失敗した子どもに対して、歯がゆくなったり苛立ちを感じたりして何か一言、言いたくなります。しかし、一番つらいのは失敗した子ども自身なのです。子どもは、駄目だった自分をいたわってほしいという気持ちがあります。しかし、逆にそこでさらにとどめを刺され傷つき、やる気や元気をなくしてしまうのです。

また「言った通りでしょう？」をもっと丁寧に言ってみますと「あなたは失敗すると私は思っていました。そして私が言った通り、やはりあなたはそれをやっても失敗しました」という意味になります。大人は子どもに成功体験をもたせようと思うがあまり、子どもを失敗させたら駄目だと考え、事前に無茶をするなと伝えた後で、失敗すると、「やはり」とダメ出しをしてしまうのです。

代わりにこのようにやってみましょう！

まず一呼吸おいて心の中で〝つらいのは子ども〟と呟きましょう。そして失敗した子どもにねぎらいの言葉をかけ悔しい気持ちに共感します。その後、今回の失敗は自分にとってどうだったか、子ども自身の声を聞いてみましょう。自分から反省してもうしないと言うかもしれません。またはもう一回やってみると言うかもしれません。もう一回やるとすれば次はどこに気をつけるかなど聞いてみてもいいでしょう。

例えば「頑張っていたけど痛かったね。泣かなかったのは偉かったよ」「またやってみる？」「転ばないためにはどうしたらいいかな？」など、過去の失敗に向き合わせるのではなく、これから先のことを一緒に考えていくといいでしょう。

Point

失敗して一番つらいのは子ども自身！今後のことを一緒に考えよう！

ここにも注意

明らかに無謀なことや危険なことは事前にやめさせる必要があります。その場合は「…したら駄目」と行為を否定するのではなく、「…しなさい」と適切な行動をするよう肯定文で促しましょう。右の例ですと「一輪車に乗るのは駄目」でなく「自転車に乗れるようになってから一輪車にチャレンジしなさい」などです。

心理編

7

「大丈夫？」

＼ついしがちな言葉かけ／

NG

返事を真に受けてしまう

Aさんは自分の気持ちを伝えるのが苦手です。運動会が近いので皆と一緒にリレーの練習をしていました。途中でお腹が痛くなり我慢していましたが、Aさんがお腹を押さえて様子が変なので先生が声をかけました。

「お腹を押さえているけど大丈夫？」と聞くと、Aさんは「うん」と答えたので、先生はその場から去りました。しかしAさんはお腹が痛いままでつらく、悲しくなりました。

●どうして元気がなくなってしまったのか？

子どもに何か心配なことがあった場合、周りの大人が「大丈夫？」といった声かけで子どもに注意を向けたり語りかけたりすることは大切なことです。しかしその声かけは子どもの返答の仕方を限定してしまうおそれがあるのです。子どものなかには大人から「大丈夫？」と聞かれると、大丈夫でなくても反射的に「うん」としか言えない子がいます。そこでいったん「うん」と聞いてしまうと大人はそれで安心して子どもから離れてしまいます。子どもは大丈夫でなかった場合、そのままずっと我慢しなければなりませんし、後になって大人からは「あのときどうして言わなかったの？」と逆に責められたりして、いっそう子どもは追い詰められてしまうのです。

代わりにこのようにしてみましょう！

表現が苦手で何でも「うん」としか言えない子どもには、しんどいということを前提にした問いかけがいいでしょう。例えば「お腹を押さえているけど、しんどいのでしょう？」と聞いて、やはりここで子どもが「うん」と言えばしんどさを表現できます。たとえその時に子どもが「大丈夫」と言っても、時間をおいて再度聞いてあげましょう。大人は子どもの〝代弁者〟でもあるのです。

Point

「うん」「分かった」と言うときは要注意！
本当にそうなのか気にかけよう！

●ここにも注意

「大丈夫？」とたずねる以外にも、勉強で「分かりましたか？」という問いに「うん」と子どもが答えるのも同様です。「分からない」と正直に言うのは、大人でもできないことです。でも実際にやらせてみてできないと、「さっき分かったって言ったでしょ？」と責めてしまいがちです。この場合も「少し説明が難しくて分かりにくかったでしょう？　何か気になったことはない？」など、分からないことを前提にした問いかけがいいでしょう。

心理編

8

＼ついしがちな言葉かけ／

「ほんとに？」

NG

最初から
疑ってしまう

Ａさんはときどき学校に遅刻します。昔した盲腸の手術でお腹が痛くなることがあるのです。ある朝、起きるとお腹が痛くてすぐに学校に行けそうにありませんでした。少しおさまってから行くつもりでお母さんにこう言いました。「お腹が痛いからマシになってから行くよ」。するとお母さんは「ほんとに？　ちゃんと学校行くの？」と言い、それを聞いてＡさんは悲しくなりました。

どうして元気がなくなってしまったのか？

Ａさんはよく遅刻しているので、お母さんも「またか」「行きたくないから嘘じゃないの？」と疑いたくなったのでしょう。しかしどのような場合であれ、ある困った状況を相手に伝えたときに最初に一言「ほんとに？」と相手から返されると、その困った状況を信じてもらえなかったと感じてしまいます。

しんどさや大変さを伝えて分かってもらえない、本当かと疑われてしまう、子どもにとってはとてもつらい出来事なのです。

代わりにこのようにしてみましょう！

まずは親自身が、子どもに「今日も遅れて行くよ」と言われたときの自分の気持ちに気づくことが大切です。悲しい、腹立たしい気持ちになるかもしれません。ここでは「ほんとに？」と言いたい気持ちをいったん抑えて、淡々と子どもに接しましょう。前頁のケースでは子どもの言葉をそのまま使って「そう、マシになったら行くのね」と返す、といった具合です。

このようなことを繰り返すとわざと学校を休んだり、嘘をつくようになると思われるかもしれません。しかし子どもの行動には理由があります。一人では解決できないことも多く、いろんな形でSOSを出します。たとえ腹痛が嘘だったとしても、学校でいじめに遭っている、友だちと上手くいっていない、先生が怖い、などが考えられます。嘘は駄目だと言う前に、その背景を考えてあげましょう。

Point

「ほんとに？」と言いたくなる自分の気持ちに気づく！

子どもの気になる行動の背景は？

●ここにも注意

「ほんとに？」という言葉は状況によっていくつかの意味をもちます。内容によっては一概に「ほんとに？」は悪いとは言えません。

いいことを伝えられた場合の「ほんとに？」は喜びのサインであったり、また不幸を伝えられた場合の「ほんとに？」は信じたくないといった悲しみのサインであったりします。場合によって使い分けましょう。

＼ついしがちな言葉かけ／
「努力しないと相当厳しいよ」

負の暗示をかけてしまう

Aさんはあまり成績がよくありませんでしたが、どうしても行きたい中学校がありました。受験に向けて勉強を始めようと思い、塾の先生に相談してみました。塾の先生はその中学校の名前を聞くと「あの中学校に行こうと思ったら相当厳しいよ。かなり勉強しないと無理だよ」と言いました。それを聞いてAさんはいっぺんにやる気をなくしてしまいました。

どうして元気が出なくなってしまったのか?

この塾の先生は決して本人のやる気をなくさせようとして言ったのではありません。むしろ本人を鼓舞する意図があったと思います。しかし例えば、注射をされる前に「この注射痛いよ」と聞かされて注射されるとたとえそれほど痛くなくても痛く感じるものです。逆に痛くないと聞かされるほうが痛くなく感じるものです。つまり事前の暗示がその後の気分を変えてしまうことがあります。それと同じように、やる前からかなりの努力が必要だと言われると、成し遂げるにはかなり厳しいという暗示をかけられることになります。「滅多に受からない」と言われて努力しようとする子どもは稀なのです。努力しても報われないかもしれないという不安とも向き合わないといけません。自信がない子どもならなおさら「どうせ自分なんて」と感じ始め努力しなくなってしまうのです。

代わりにこのようにしてみましょう！

「努力しないと無理だ」（否定→否定N-N：Negative-Negative）から「努力すれば大丈夫」（肯定→肯定P-P：Positive-Positive）と言い換えるといいでしょう。「これだけやったら合格できる」と具体的な計画とゴールを示してあげるといいでしょう。

さらに近いゴールを設定し、「次のテストで◯◯くらいできれば、十分大丈夫だよ」「次の大会で◯◯くらいまでできれば、本番でも大丈夫だよ」と現実味を持たせてあげましょう。

ゴールが本人にとって高すぎることもあります。理想ばかり言って努力できないこともあります。その場合は、近い目標（次のテストでは◯◯の分野を克服するなど）を決め、自分の力がどうであるかなど、身近なところから本人に自分の力を気づかせることも必要です。

Point

「否定」⇓「否定」（N-N）はやる気を失う！「肯定」⇓「肯定」（P-P）へ

●ここにも注意

「言うこと聞かないと怒るよ」などのように否定→否定（N-N）は場合によっては子どもへの脅迫にも相当しますので、使い方には注意が必要です。

ただ自信をもちすぎて切迫感や危機感のない場合には「努力しないと相当厳しいよ」という言葉でスイッチが入る場合もありますので、子どもタイプとそのペースを観察してみましょう。

先生、A中学校に行きたいんです
お!?
A中学校か……
やる気になったんだな？
努力すれば、今からでも大丈夫だよ
ホント？
頑張ってみるっ

ついしがちな言葉かけ

「どうしてあなたはいつもそうなの？」

NG

言い訳できなくする

Aさんは友だちと遊んでいて遅くなり、お母さんと約束した時間を少し過ぎてしまいました。Aさんは怒られないように言い訳を考えていました。「お母さん、今日はね、Bさんが…」と話し始めると、お母さんは「またよね。どうしてあなたはいつも約束を守れないの？　遊ぶのはいいけど時間を守るって言ったよね。何回言わせるの？」と言いました。それを聞いて、Aさんは何も言えなくなってしまいました。

●どうして元気がなくなってしまったのか？

約束を守れない子どもに対して、つい大人は「どうしていつもそうなの？」と強い怒りを示してしまいがちです。しかし子どもは理由のない行動をとることが数多くあります。誰かを叩いた、嘘をついた、約束を破ったなど、駄目だと分かっていてもコントロールできないこともあります。

さらにこれからのことは注意されればやめることができますが、過去の失敗はもう変えられません。ですので「どうしていつもそうなの？」と叱ることはその行動を叱っているようではありますが、子どもには性格を叱られているように聞こえます。

Aさんは黙っているしかありません。言い訳をするとさらにお母さんを怒らせます。これらが子どもを追い詰め自信をなくすことにつながるのです。

代わりにこのようにしてみましょう！

大人は子どもから約束を破られるとつらくなり腹が立つのも当然です。そして子どもに「どうして○○したのか？」と答えられない理由を聞いたり、いったん起きてしまった結果を責めたりします。もちろん元々は子どもの行動がきっかけになっていますが、それはたいてい大人が〝自分の言うことを聞いてくれなくて悲しい、腹が立つ〟といった怒りの表現でもあるのです。「どうして○○したのか？」という理由を聞くような言い方が本当に必要なのかを考えてみましょう。

それよりも次からどうするかを話し合いましょう。自分でルールを決めさせ、守れなかった場合はどうするか、守れるようになるにはどうしたらいいかを一緒に考えるほうがいいでしょう。

Point

ちょっと待って、その注意！責めても対話は始まらない

●ここにも注意

大人は「なぜそんなことをしたのか？」と理由を知りたがります。ちゃんとした理由が言えないと〝まだ心から反省していない〟と考え、納得できる理由を聞き出すまで子どもを問い詰めます。しかし理由を問い詰めすぎると、子どもなりに理由を創作してしまい、それが大人にとって納得できる内容であるほど、大人は満足してしまいます。そして子どもも自分の行為を振り返ることから余計に遠ざかることにもつながるのです。

心理編のまとめ

子育ては大人も『不安』だらけ

■過ちの背景

子育てに不安はつきもの。しかし子どもは親の思い通りにはなりません。そのため大人はつい不安になり余計な言葉かけをしてしまいます。それが逆に子どものやる気を奪ってしまう原因にもなるのです。

やる気を引き出させるポイント

まず不安から余計な言葉かけをしてしまったそんな自分に大人自身が気づきましょう。そして子どもを落ち着いて観察しましょう。〝子どもの気持ちを大切にしてサポートしたい！〟そのような大人の気持ちから子どものやる気を引き出す方法を選べるようになります。うまくできたら大人も自分を認めましょう。

うまくいったかも！
ここに注意
落ち着いて子どもを見よう

いったん
一呼吸おこう

それは
必要な声かけか
考えよう

自分の気持ちを
感じよう

●子ども理解のポイント

子どもは認めてもらいたくて必死です。そのため〝もっと聞いて、見て、一緒にやって、認めて、分かって、助けて、信頼して、決めつけないで、評価しないで、考えを押し付けないで〟と色んな方法で訴えてきます。これらは子どもたちの心の叫びなのです。

Column 1

「大阪城を建てたのは大工さん」は正しい？

お母さんは歴史が苦手なA君に問題を出しています。

お母さん「大阪城を建てた人は誰ですか？」
A君「大工さん」
お母さん「フランシスコ・ザビエルは、日本のどこに到着しましたか？」
A君「浜辺」
お母さん「江戸幕府ができたのは、いつ？」
A君「昼間」
お母さん「『学問のすすめ』をだした人は？」
A君「本屋さん」
お母さん「いいかげんにしなさい」

A君の言い分が正しいとする歴史学の考え方も一方では，あります。

「大阪城を建てるために、この人がいなければ建てられなかったという人は誰ですか」という質問がなされていないからです。

または、「姫路城・名古屋城・熊本城を建てた人も大工さんですが、それぞれの城を建てるために重要な役割を果たした人は、誰ですか？」という質問もあります。

事実と歴史は違います。大阪城を建てるに関わった人はそれこそ何万人もいることでしょう。木を育てた人、運んだ人、壁を作った人、石を運んだ人…限りなくたくさんの人がいます。事実の中から選び取った重要な事実が歴史なのです。歴史と言えば政権を取った人たちだけのことを学習していた時代もありました。しかし政権を取った人のことだけでなく、「人々にとっては、どのようなくらしだったのか」についても学習するようになってきました。ですからA君の考え方として、「大阪城を建てるために、多くの大工さんも大変な苦労をした。だからそこも大切な事実です」という歴史のとらえ方もできます。

（田中）

第2章

勉強編（一般）

勉強へのやる気をなくさせるNG

例題は解けるようになったたな。次は応用問題にもチャレンジしてみようか！
もうイヤだ〜

＼ついしがちな言葉かけ／

「分かったら面白いでしょ？」

分かることがいいと考えてしまう

先生は分かるまで丁寧に教えたいと考えています。A君は算数の問題がなかなか解けません。そこで先生は「どこが分からないの？一緒に考えよう」と声をかけました。丁寧に説明してもA君は分かりませんでしたが、何となく解くことができました。先生は喜んで言いました。「分かったら面白いでしょ？　次も同じようにね」

A君はまた分かりませんでしたが、「分からない」と言えず、もう嫌になってきました。

●どうしてやる気がなくなってしまったのか？

子どもが分かるまで丁寧に教えてあげたい、と熱心な先生がおられます。しかし時に〝分かること〟に強くこだわり過ぎると、子どもは分かることへのプレッシャーを感じてしまいます。〝分かること＝よいこと〟を強調されると、逆に〝分からないこと〟への恐怖心が出てきます。そして〝分からない自分＝駄目な自分〟とつながってしまうことがあるのです。

先生も分からせるため子どもの能力や個性、ペースを見なかったり、レベルを下げ過ぎたり、必要なことでも省略してしまうことがあります。そうすると子どもが分からないことを〝考えてみる力〟〝分かろうとする力〟が次第に弱くなります。しかし勉強はどんどん難しいことに進んでいきます。そして必ず分からないことが出てきます。そこで〝分からないこと〟があるとプレッシャーや恐怖心からやる気をなくしてしまうのです。

代わりにこのようにしてみましょう！

「分からないことは駄目なことではない」と伝えましょう。そして分からないことがだんだん分かってくることがよくあること、小学校1年生の時には分からなかったことが、今では簡単に分かっていることなどに気づいてもらいましょう。

また「先生も昔は分からなかったんだよ」「今でも分からないことがたくさんあるよ」「世の中にはよく分かっていないことがたくさんあるんだよ」など伝え、〝分からないこと〟への恐怖心を小さくしてあげましょう。むしろ〝分からないことに耐える力〟〝分からないことをもち続ける力〟が大切なのです。

Point

分からないことは悪いこと？子どものペースに合わせて待ってみる！

●ここにも注意

子どもはいつも新しいことや難しいことに挑戦しています。勉強以外にも社会のしくみ、友だちの気持ちなど初めて体験することばかりです。生活体験が多くなれば分かるようになること、知識が増えれば分かるようになること、ある日を境に突然分かるようになることなどがあります。これらのことにもかんがみ、子どものペースに合わせて、〝待つ〟という姿勢が大切です。

＼ついしがちな言葉かけ／

「毎日コツコツ勉強しなさい」

積み重ねをさせようとする

A君は算数で得意な分野と苦手な分野があります。先週やったテストが返ってきました。それを見たお父さんは「図形の面積の問題ができてないね」と言いました。A君が「面積の公式は覚えていたけど、計算が間違っていたみたい」と応えると、お父さんは「勉強は毎日コツコツやらないと。明日から計算の練習もしよう」と言いました。

それを聞いてA君は勉強が嫌になってきました。

●どうしてやる気がなくなってしまったのか?

大人としては子どもが毎日コツコツ勉強して基本的なことから少しずつ身につけてほしいといった思いがあります。しかし〝コツコツ勉強する〟という言葉を聞くと、おそらく子どもは修行僧の辛い苦行のようなイメージを思い浮かべると思います。

勉強が苦手な子どもはたいていコツコツ勉強するのが苦手です。苦手なことを克服するために苦手なことをしなさい、と言っているのがまさに「毎日コツコツ勉強しなさい」という言葉かけなのです。しかもほとんどの大人は子どもの頃から毎日コツコツ勉強した経験は少ないでしょう。一方で子どもにはコツコツ勉強してほしいという気持ちから、子どものペースや能力を見ずに〝こうするべきだ〟という考え方を押し付けてしまい子どものやる気を失わせてしまうのです。

代わりにこのようにしてみましょう！

子どもができるところからやってみましょう。必ずしも基礎的なことが土台になっている問題や、基礎を学んでからでないと解けない問題ばかりではありません。学ぶ順番にこだわったり、先に基礎的なことができることを求めたりすると勉強が苦手な子どもはさらに意欲を失うことがあります。まずは「できた」という体験を増やし、少しでも学習への不安を減らすことが大切です。例えば算数の「図形」の面積は公式が分かれば答えを出すことはできます。もし掛け算や割り算が苦手でも、とりあえずは電卓を使えば「できた」という体験は可能です。漢字が書けなくても文章は書けます。コツコツやるのが苦手な子どもにとっては、とにかく「できた」という体験を優先させたほうがいいでしょう。

Point

「コツコツしなさい」と言われ、でも大人もやってきたの？「できた」という体験を優先しましょう！

●ここにも注意

本来コツコツやるというのがよくない訳ではありません。地道に努力を重ねる、といった意味ではとても大切なことです。ただ〝コツコツやる〟のはいいのですが、「コツコツしなさい」といった言葉かけが問題なのです。努力できない子どもに「もっと努力しなさい！」と言うよりも、努力できるような動機づけをどうすればいいかを考えるほうが効果的なのと同じです。

勉強編
一般
3

／ついしがちな言葉かけ＼
「もっと考えてごらん」

NG

とことん
考えさせる

お父さんはA君の算数の勉強を見ています。自分の力で解けるようになってほしいとA君がとにかく解いてみるまで答えを教えません。

A君は最初は時間をかけて頑張っていましたがなかなか解けません。お父さんは「もっと考えてごらん」と繰り返すばかりです。次第にA君は勉強を嫌がるようになり、何事に対しても意欲が感じられなくなりました。

●どうしてやる気がなくなってしまったのか？

大人からすれば、〝自分で考えることが大切〟と、すぐに答えを見ずに自分の頭でしっかり考えてほしいという気持ちがあります。しかしそれはある程度学習が進んだ子どもが力を試したり、知識の確認をしたりする上で有効なことです。大人は子どもに比べ既に分かっていることが多いので、経験から考えたら何とかなると感じます。しかし、これから勉強していく子どもたちは分からないことだらけなのです。分からないことのほうが多い子どもたちにはいくら考えさせてもどうしてもできない問題もあるのです。

本人の能力やペースを見ず、分からない問題ばかりと長時間格闘させると子どもは無力感を味わい続け、いっそうやる気を失っていきます。とくに勉強が苦手な子どもは分からない問題のほうが多くあるので、いっそうやる気を失ってしまうおそれがあります。

代わりにこのようにしてみましょう！

人は取り組む課題の半分以上ができなければやる気を失うと言われています。やる気を保つには、半分以上は間違えずにできる問題までレベルを調整する必要があります。

基礎的な学力や知識が不足している場合やレベル的に困難な問題は、すぐに答えを見せてそれをノートに写させてもいいでしょう。答えが分かってから問題の意味が分かることも多々ありますので、「この答えになるには、どのように考えればよいのだろうか」という教え方も効果的です。また学校では個人のペースに合わせて授業が進む訳ではないので、たとえ分からないままでも放っておかれ自信を失っていくこともあります。

少なくとも家は、自信を失わせる場にしないようにすることも大切です。

Point

子どもは考えても分からないことばかり！ときには答えを見て理解を深める

●ここにも注意

答えをすぐに見せると、考えずに答えを丸写しするだけにならないかと大人は心配します。しかし答えを丸写しするといった背景にあるのは、親からよく見られたい、叱られたくない、恥ずかしい思いをしたくない、といった不安な気持ちだったりします。丸写しを責めたり心配したりするよりもその不安を理解してあげましょう。

勉強編
一般
4

＼ついしがちな言葉かけ／

「先生は頼りないわね」

NG

子どもの前で先生を批判する

A君はお母さんから先生への愚痴を聞かされました。「先生は頼りないわね。子どもをちゃんと注意できていないし、言うことも日によって違うし」

A君「そうなんだ」

その話があってからA君は授業中も教科書を開こうとしなかったり、筆記用具の準備もしなかったりすることが増えました。そして家でも勉強をほとんどしなくなりました。

●どうしてやる気がなくなってしまったのか？

親は子どもにいい教育を受けてほしいという気持ちから、そこに不満があるとつい子どもの前でそれらを口にしてしまうことがあります。しかし先生への批判を耳にすると、「先生は正しくない」と子どもは受け取ります。親の気持ちの背景までは理解できません。そのことで先生の指導を一つ一つ疑ったり、言うことを聞かなくなったりします。そして先生が「勉強しましょう」と指導しても、子どもはそれを「勉強するな」と言われたのと同じくらいに受け取るのです。

親が批判している先生の言うことを聞くのは、子どもにとって親から愛情を失うことと同じくらい怖いことなのです。ましてや子どもにとって勉強はつらいことが多く、やらなくてもよい理由があれば、ますますやりません。

代わりにこのようにしてみましょう！

子どもは、いつも新しいことや難しいことに挑戦しています。そしていつも不安です。子どもにとっては少しでも多くの味方がいてくれたほうが安心を感じ、それは子どものやる気につながります。子どもは親を一番のモデルとしますし、親が先生へ信頼を寄せることで子どもは先生に対しても安心できます。ですので、親が先生と一緒になって自分を支えてくれているという〝安心感〟が子どもにとって最も大切な体験にもなります。

「先生は、あなたたちのことを思って言ってくれていると思うわ」

「さすが教え方が上手ね。私もあんな先生に習いたかったわ」

というように、親も子どもの前で先生をほめたり、信頼を寄せているということを子どもに伝えてみましょう。

Point

学校では先生が子どもの安心の人子どもが安心できるように先生に信頼を寄せよう

●ここにも注意

先生は大勢の子どもをみていますが、その背後にはその何倍もの保護者・親族がいます。みなさんが多様な価値観を持っているので全ての方にとって不平・不満がない学級経営をするのは困難です。ほめるのは間接的に、悪いことは直接伝えるといった方法は対人関係を円滑にする基本です。何か心配なことがあれば直接先生に相談してみるほうがいいでしょう。

＼ついしがちな言葉かけ／

「応用問題にもチャレンジしてみよう」

全部の問題を解かそうとする

A君はお父さんと算数の勉強をしています。今日のページには基本的な例題と練習問題、応用問題があります。まず例題からやってみました。

お父さん「例題は解けるようになったね。では練習問題と応用問題にもチャレンジしてみようか」

A君は頑張っていましたが突然〝もうやりたくない〟と投げ出してしまいました。

●どうしてやる気がなくなってしまったのか？

子どもが簡単な問題ができるようになれば、さらに少し難しい問題に取り組ませたくなりがちです。しかし学習では、定義といって「きまり事」が多く出てきます。特に勉強が苦手な子どもたちは、それを覚えるだけでも大変です。簡単な問題が出来たからといって、それでその「きまり事」が身についているわけではありません。何とか精いっぱい真似ることができただけかもしれません。自転車に例えると、やっと補助輪なしに乗れた状態で、もう１サイズ大きな自転車に乗せるようなものです。当の本人も同じようにやればできるだろうと思っていたのがそうはいきません。そういったことが続くとやる気を失ってしまうのです。

代わりにこのようにしてみましょう！

基本的な問題だけにして先に進み、学習内容の全体像を体験することを優先しましょう。子どもは一度問題ができても、数日経つとできなくなることがありますので基本的な問題も日にちをあけて繰り返し取り組ませましょう。この時期に難しい問題をやらせてもほとんど意味がありません。それよりも「意外と簡単なんだ」と感じて、基本問題はほぼ大丈夫といった安心感と自信をもって、初めて難しい問題にもチャレンジしようという気持ちが生じてきます。

小学生の問題を中学生が解いたらすぐにできるものもあります。それは一度全体像を把握すると急に理解度が向上することや、生活体験と照らし合わせて簡単に解けることもあるからなのです。学習がある程度進めば自然にできるようになる問題も出てきます。その時まで全部の問題をやらせるのは待ちましょう。

Point

問題が全て解ける必要はない！意外と簡単だと思えることが大切

●ここにも注意

小学校の応用問題になってくると、単に順位をつけて競うためにパズルのような難しい問題も出てきます。そのような問題は、どれだけやっても力がつくとは限りません。子どもにとっても「新しいことが分かった」という実感がないこともあり、学習意欲がなくなることもあります。

＼ついしがちな言葉かけ／

「できた人からもってきなさい」

NG
焦らせてしまう

算数の授業では最後に問題を出して、できた人から前にもってこさせます。

先生「では3番の問題をやって、できた人から前に持ってきてね」

A君は算数が苦手なので少しでも早く持って行こうと頑張るのですが、いつも最後のほうです。よく間違えてやり直しもさせられます。授業の最後になるとドキドキしてしんどくなり、もう問題ができても前にもって行かなくなりました。

●どうしてやる気がなくなってしまったのか?

できた子どもからもってこさせると、クラスみんなの学習到達度を把握できるというメリットがあります。しかし勉強が苦手な子どもは、周囲から自分がどう見られているか気になっていて不安を感じています。そして苦手なことがばれないように気を使っています。「できた人からもってきなさい」と言われると、たいてい子どもはスピードにこだわります。早く前に行き丸をもらう子どもは勉強ができそうに思われますが、いつも最後のほうで、しかもなかなか丸のもらえない子どもはそうは思われません。

子どもは比較されることを嫌がります。自分だけがもっていけないと焦りますし、焦ると余計に問題に取り組めません。できていないことが周囲にばれないようにすることで頭の中がいっぱいです。こんなことが続けば最初から諦めてしまうのです。

代わりにこのようにしてみましょう！

できた子どもから提出させるにしても、ある時間がくれば答えを黒板に提示するなどして、各自のペースにあった取り組みをさせるなど工夫はできます。そうすることで早く前にもっていけなくても、周囲とは関係なく自分の課題として安心して受けとめることができます。その間、先生が各机を少しでもまわるなどして各自の進捗度を確認していきます。

もし全員に前にもってこさせるのであれば、全員がすぐに解けるような簡単な問題にしてあげるほうが意欲は高まります。勉強が苦手な子どもにとっては周りの目を気にせず安心して授業に取り組める環境づくりが大切なのです。

Point

急かされるのは嫌！ゆっくりと安心して取り組みたい

●ここにも注意

勉強が苦手でなくても、時間をかけてじっくりやるタイプの子どももいます。一つの問題にしても解き方は何通りかある場合もあります。時間はかかるが、他にも違ったやり方があるのでは？　といったことを考えることが好きな子どももいます。そういった子どもに急いでやらしてしまうと周囲を気にしてとにかく答えだけを求めるようになる、解く過程が疎かになる、違った考え方をしなくなる、などにもつながります。

勉強編
一般
7

ついしがちな言葉かけ

「勉強は自分の机でしなさい」

NG

勉強嫌いなのは、
勉強が苦手だから
と考える

勉強嫌いなA君は食卓で宿題をしています。お母さんは、食卓では勉強に集中できないから、自分の机で集中して勉強する習慣をつけさせたいと考えています。

お母さん「勉強は自分の机でしたほうがいいわよ。ここでは気が散って集中できないわよ」

こう言われてとA君は勉強が嫌になってきました。

●どうしてやる気がなくなってしまったのか?

大人は、子どもが勉強を好きになればできるようになる、勉強ができれば好きになる、そのために〝やればできる〟といった達成感をもたせてあげようと考えます。しかし子どもが勉強よりも嫌なこと、怖いことの一つに〝孤立〟があります。勉強の苦手な子どもでも学校で椅子に座っているのは、一緒に勉強している友だちがそばにいる、先生に構ってほしい、といった理由があるからなのです。

勉強が苦手な子どもにとって勉強は決して楽なことではありません。しかしそばで誰かが一緒に取り組んでくれれば、楽しんでできたり、勉強自体は好きな場合もあるのです。必ずしも「勉強が苦手=勉強嫌い」ではないのです。ただ見守られているという安心感がなければ勉強に集中できず勉強嫌いになることがあるのです。

代わりにこのようにしてみましょう！

とくに小学校低学年のうちは、一緒に勉強を見てあげたほうがよいでしょう。時間的にずっと見守ることが難しい場合は、やり終えたら目を通してあげて声かけをしたり、〝よくできました〟とサインを書いたりしてあげましょう。自分の学習机以外で勉強をしたがる場合は、とくに安心感を求めていると考えられます。こたつや食卓など、一人にならないような場所で勉強させてあげましょう。

中学生以上になると親から勉強を教えてもらうことはあまり求めていません。勉強はどんどん難しくなってきます。そういった困難なことに取り組んでいることを励ましてもらったり、しんどい気持ちに寄り添ってくれることを望んでいます。たとえそばにいなくても、そういう状況であることを理解してあげましょう。

Point

勉強が苦手≠勉強が嫌い
孤立させない配慮を！

●ここにも注意

たいていの子どもには学問の楽しさを味わいたいから勉強するというような動機はありません。叱られたくない、親や先生からほめられたい、友人に負けたくない、といった動機が先にきます。これは中学生でも同じです。他の家では勉強を親が一緒に取り組んでくれるのに、自分の家では誰も見てくれないといった寂しさや悲しさを感じると、一緒にいてくれる友だちが欲しくて家から飛び出して友だちに会いに行くこともあるのです。

勉強編（一般）のまとめ

子どもの勉強のやる気には安心感が必要

勉強は自分の机でしなさい
難しい問題も解けないと
先生は学校でちゃんと教えてくれてるのかしら
競争させたら頑張るかな

●過ちの背景

大人自身が今になって、自分が子どもの頃にこうしておけばよかった……と後悔していることがあります。その思いを子どもには味わわせたくないといった苦い思いが、子どもの希望や実態とかけ離れてしまうのです。

やる気を引き出させるポイント

勉強の楽しさを教えたり、叱咤激励したりするよりも、まずは子どもが安心して勉強に取り組めるための配慮や環境の整備が大切です。、また勉強への結果を期待しない、どんな結果でも一緒に見ていく、といった態度でより一層の安心を感じることでしょう。何よりも大人が落ち着いていることです。

自分のペースで
やればいい

できるところから
やればいい

すぐに
分からなくても
いい

大人が一緒に
見守っていこう

●子ども理解のポイント

子どもは毎日新しいことを学んでいるので分からないことばかりです。そしてとても不安です。ちょっとした大人の言葉かけや態度で不安定になり勉強への意欲をなくしてしまいます。

Column 2

2＋1＝1になる？

中学生になった教え子から、次のように言われたことがあります。

「学校で学んだ算数でどうしても、納得できないことがあります」

そこで、「それは、どんなことなの？」とわたしが聞きました。

「お母さんから『冷蔵庫のアイスを1個だけ食べていいよ』と言われた。だから家のアイス2個と自分のアイス1個をくっつけて、ひとつにして全部食べた。だから『2＋1＝1』でもよいのでは？」というものです。なかなか考えたものです。じつは数学では、「2＋1＝3」になるかどうかは、わからないのです。2＋1＝3とする「考え方が正しかったか？　それとも考え方が正しくなかったか？」しか問えないのです。これらのことは、『数学基礎論』と言って1990年代には東京大学、京都大学でも専門の講義がなかったのです。人間の思考や計算の限界を探る新しい分野なのです。同じように「50度と50度のお湯を足しても100度にならない」

「掃除を2人でやっていて、1人足したほうが余計にやりにくくなった」

など「2＋1＝1』のような出来事は、世の中でたくさん起こっています。

引き算でも同じことがあります。たとえば計算では、「6－1＝5」です。しかし、「6人で仕事をしていて、1人いなくなった。すると効率が余計にあがった」

ということもあります。数学でできた計算が、実際の世の中に当てはまるかどうかは、別の問題なのです。「確率」といって、数学ではサイコロの目は6分の1で出ます。しかし実際は表面の掘られている体積が違うので、「1」とか「2」のほうが出やすいこともあるのです。

（田中）

第2章

勉強編（教科別）

勉強への
やる気をなくさせる
NG

＼ついしがちな言葉かけ／

「この本を読んで泣いたんだって」

NG

読書好きにさせようとする

A君はあまり本を読むのが好きではありません。そこでお母さんが知人からいい本を紹介してもらいました。

お母さん「この本、面白いから読んでみない？　Bちゃんは感動して泣いたんだって」

A君は少し読んでみましたがすぐに読むのをやめてしまい、そして本にはますます興味を示さなくなりました。

●どうしてやる気がなくなってしまったのか？

大人は子どもに様々な本を読ませて、想像力や考え方、感受性などが豊かになることを期待します。もし子どもが本を読まなければ将来が心配になり、子どもが興味をもちそうな本を買ってきたりして読ませようとします。時には「〇〇君は本をいっぱい読むんだって」「感動して泣いたって言ってたよ。だから一回読んでみなさい」などと言って何とか読ませようと画策したりします。しかし読書がどうしても嫌いな子どももいます。その原因として、内容に興味がない、集中できない、漢字が読めない、文章を読むのが苦痛、などがあります。本人に読書をする気がない、または読書自体を苦痛に思っている時点で、大人が面白さを一方的に伝えたり、無理強いしたりすると子どもはムキになって読まなかったり、ますます本嫌いになってしまいます。

代わりにこのようにしてみましょう！

まず大人が英語で書かれた本の読書をすることを想像してみましょう。いくら文学的に価値が高くて面白いと言われても、そもそも英語がびっしり書かれた本を楽しみながら読む人は一部の専門家を除いて稀でしょう。やはり最初は英語の図鑑や絵本、漫画、自分が少しでも興味のある分野の本のほうが関心をもって読めるのではないでしょうか。子どもも同じです。まずは何であれ、文字に親しむことから始めましょう。それが最初は漫画や付録目的で買った雑誌、キャラクターだらけの雑誌でもいいのです。そして次に子どもが興味ある分野の本（ゲームが好きならゲームの攻略本など）に移り、本には自分の好きなことが書いてあるんだ、といった気づきをもってもらうことを目指しましょう。

Point

読書は強いない！興味が出るまで待つ

●ここにも注意

英文でも英単語を知らなければ読めないのと同様に、日本語の読書もある程度漢字を知らないと読めません。ですので、もし読書をしないことが心配なら代わりに漢字を中心に学習させてみてもいいでしょう。漢字を覚えて役に立たないことはありません。それで文章が読みやすくなり読書意欲につながることもあります。そして何よりも、覚えた分だけ子どもに力がつき成功体験にもなります。

ぼく、電車大好き
書店にて・・・
電車のことが載っている本がたくさんあるよ
この図鑑読んでみたい!!
電車
図鑑
これ、電車を発明した人のことが書いてあるんだって
わー、読んでみようかな

勉強編
教科別―国語2

2

／ついしがちな言葉かけ＼

「読書コンクールに応募したら？」

NG

本を読んだら
感想文を書かせる

A君「お母さん、この本とっても面白かったよ」
お母さん「どんなところが面白かったの?」
A君はそう聞かれて詰まってしまいました。
お母さん「感想文を書いてみたら?夏休みの読書作文コンクールにも応募できるし」
A君「……。これだからもう本は読みたくない」

どうしてやる気がなくなってしまったのか?

子どもが読書をして感想文を書き、もしコンクールで賞を取ったとしたら親としてはとても誇らしいことです。感想文を書くには、まず本を読む力、そして内容を感じる力、最後にそれを文字で表現する書く力が必要です。ところが読むことと、書くことには実は正反対の意味があります。読むというのは、情報を入れることですが、書くというのは、情報を発信することなのです。子どもによっては、文章は読めても、文章を書くのは大変な作業になることがあります。

読書コンクールがあれば、つい大人は子どもが本を読んだときに感想文まで書かそうとして、本人の能力に関わらず書く力まで求めてしまいます。もし文章を書くのが苦手な子どもであれば、読書自体も嫌いになってしまうのです。

代わりにこのようにしてみましょう！

子どもが本を読んでも、そのことで何かを期待するのをやめてみましょう。読書は勉強のためでも知識を広げるためでもなく、単に楽しいからでいいのです。ここで〝読書＝映画鑑賞〟と置き換えてみましょう。子どもと一緒に映画を見に行って、もしその映画について感想文を書かせたり、どれくらい内容を理解したかをテストしたりすれば、子どもはもう映画に行くのを嫌がるでしょう。それよりも「面白い映画だったね。また見に行こうね」と言うほうが普通です。

読書も同様です。「そんな面白い話だったんだ。私も読んでみようかな」「面白い本がないか一緒に図書館で探そう」と大人も一緒に読書を楽しみたいといった気持ちを伝えるといいでしょう。

Point

読書は好きだけど感想文は書きたくない！読書は純粋に楽しむだけ

●ここにも注意

大人は、本を読んだ子どもに対して「（主人公のような）立派な人になってごらん」、「あなたも○○しなくちゃね」とつい言いたくなります。また読書も勉強と考え成果がほしくなり、「読書して子どもの学力がどのくらい伸びたのか」ということを知りたくなるのです。子どもが「この本面白いから、読んでみて」と他の子どもに勧める、これが一番すばらしい感想かもしれません。

／ついしがちな言葉かけ＼

「時間を計って解いてみよう」

NG

問題を速く解かせる

A君はお父さんと一緒に算数の勉強をしています。A君はゆっくり解くタイプです。
お父さん「では次は時間を計ってみようか」
A君「え～。焦ると間違うかも。ゆっくりでは駄目なの？」
お父さん「最初はゆっくりでもいいけど、試験時間があるから速く解けなければね」
A君は算数がだんだん嫌になってきました。

●どうしてやる気がなくなってしまったのか？

子どもに少しでも速く解けるよう、大人は時間を計ってみたくなります。試験がある以上、仕方がないことです。しかし、算数の問題が速く解けるというのと算数の力があるのは実は別のことです。算数には本来「時間」を短くするという目的や、「速さ」を競争させる内容はありません。もともと数学はいくらでも時間を使って解いてもよい学問です。学習指導要領にも速く解くようなねらいはありません。

しかし実際は試験のため速く解く必要がありますが、速く解くには算数の力とは違った処理能力が必要です。もしA君の処理速度が遅いと、違う力を求められてしまい算数自体の勉強も嫌になってしまいます。さらに解くことですら大変な子どもでは、「速さ」まで求められてしまうと、全くやる気をなくしてしまう可能性も高いでしょう。

代わりにこのようにしてみましょう！

速くできるに越したことはありませんが、最初から速くできない場合には、子どもに目標時間を設定してもらいましょう。そして時間を計って目標時間に最も近くなるよう解いてもらいます。終わって、目標時間から大きくずれていたら、どうしてなのか、次からは目標時間をどうするかなどを考えてもらいます。こうすることで自分の能力を客観的に見ることもできます。もし同じような計算問題でしたら、それまでの最高タイムを記録してその時間より少し速めを目標時間としてもいいでしょう。

これだと集団で同じ問題をさせても、解くのが速い子、遅い子がいても、自分の目標時間に近い子どもをほめることで、遅い子への配慮が可能です。

Point

焦って解くのは嫌！自分のペースで解きたい

●ここにも注意

入学試験では、どうしても入学できる人数を決めなければいけません。その選別をはっきりさせるために、時間内では終われないような問題をたくさん出して、スピードを競わせ、順番を出しやすくしているのです。これが子どもを勉強嫌いにさせている一因でもあります。

この問題、何分くらいで解けるかな？
うーん……
たぶん2分くらいでできるよっ
じゃ、それを目標にやってみよう
できたよっ!!
おっ、30秒も早くできたぞ
そっか～、もっと自信を持っていいんだ!!

勉強編
教科別―算数2

4

＼ついしがちな言葉かけ／

「暗算でやりなさい」

NG

指を使って
計算させない

A君は小学1年生です。計算の暗算が苦手です。
お母さん「また計算の時に指を使っているわね」
A君「うん。指を使ったほうが分かるの」
お母さん「ダメよ。頭を使って計算しなさい」
A君は計算が嫌になりました。

●どうしてやる気がなくなってしまったのか？

親としては、子どもに簡単な計算問題くらいは指を使わず暗算でできるようになってほしいと願います。しかし計算が苦手な子どもは、まだ数概念が十分に発達していない可能性があります。例えば足し算ができる過程において、最初に子どもは両指を使って被加数・加数の双方を指で示した後に、1から数え答えを出していきます。その後、いくつかの方法を経たのち、最終的には指に頼らず抽象的な数の計算ができるようになります。A君はまだ指を使うレベルであり、ここではしっかり指を使わせて数概念の発達につなげていく必要があります。もしそこで周囲の大人が焦るあまり指を使うことをやめさせれば、その先に進めず、子どもは計算でいつまでもつまずいたままになってしまいやる気をなくすのです。

代わりにこのようにしてみましょう！

計算問題でもどんどん指で数えさせましょう。人は、表現するとき、あるいは理解しようとするときに身体を使うことがよくあります。新しい漢字を覚えるときに指でなぞって空に書きますし、物理ではフレミングの右手の法則、左手の法則など、手を使うことを前提に理解したり使用したりする法則もあります。計算だけは指を使ってはいけない根拠はありません。

身体を使うことで、数概念の発達が進み、より理解が深まります。最初はブロックや色板で数えさせる方法を使ってもいいでしょう。他にも数を正確に数える練習、例えば「15個の飴から7個友だちにあげる」「後ろから8番目は誰？」といった頭の中でイメージさせる練習などを組み合わせていくと効果的です。

Point

いつでも指を使おう
大人でも使います

●ここにも注意

大人でも普段からよく指を使って数を数えたり、計算したりすることがあります。例えば会場に座っている人を数えるとき、絶対に間違ってはいけない大事な足し算をするとき、焦っているときほど指を使います。子どもは学ぶ過程にあり、勉強に余裕がないことが多いのでとても不安で、いつも指を使いたい状況だと考えてあげましょう。

勉強編
教科別―理科1
5

＼ついしがちな言葉かけ／
「植物の勉強もしなきゃ」

まんべんなく
できることを目指す

A君は理科があまり好きではありません。今日、テストが戻ってきました。
お母さん「電気はよくできたね」
A君「実験が楽しかったもん。豆電球は好きだよ。植物は嫌いだけど」
お母さん「嫌いでなくて全部やらないと」
A君「植物もやらないといけないから理科は嫌だよ」

●どうしてやる気がなくなってしまったのか？

大人は子どもが教科のなかに好き嫌いがあるととても不安に感じます。そしてまんべんなくできてほしいと望みます。しかしなかなかそうはいきません。体育が好きな子どもでも、体育には水泳、鉄棒、球技、跳び箱、マット運動などがあります。体育が好きといってもマット運動は苦手かもしれません。それぞれ子どもにとって得意・不得意が異なります。理科も同じです。高校では理科は物理・化学・地学・生物に分かれます。物理が得意な生徒でも、地学や生物は苦手というケースはあります。ところが小・中学校では「理科」という教科のなかに物理・化学・地学・生物の4つが入っており、それらを全て均等に学ばせようとするわけです。内容によって好き嫌いや得意・不得意があるのは当然で、そこを考慮せず勉強させようとするとやる気を失うことにつながってしまうのです。

代わりにこのようにしてみましょう！

とくに理科は実験や観察など実体験を通さないと興味をもつことが困難な教科ですので、そもそも理解の全範囲に興味がもてることは期待しないほうがいいでしょう。理科が嫌い、苦手という子どもに対して、どの分野が苦手なのか、逆に好きな分野や比較的抵抗のない分野なども聞いてみます。

好きな分野や興味ある分野、比較的抵抗のない分野があれば当面はそこを中心に勉強するだけで十分でしょう。また興味があるから点数が取れるはずだなどと期待しないことです。そしてその分、数学や国語などの他の教科の勉強に力を入れるなどして、子どものペースを見ていきましょう。

Point

理科の苦手分野があったら駄目？好きな分野で自信をつけよう！

ここにも注意

物理・化学・地学・生物全ての分野が人生に必要な人はほとんどいません。ではどうして、全ての分野を小・中学生に教える必要があるのでしょうか。それは必要がなくても全ての分野を教えることが、日本の教育制度の公平さであり、優れたところなのです。全ての人が受験できる機会を公平に与えられているのです。できないからといって無理強いする必要はありません。

理科はどんなところが好きなの？
電気!!
豆電球をつなぐ実験がおもしろかったんだ～！
へぇ
苦手なのは？
…植物！
そっか、じゃあ好きなところから勉強しようか
うん!!

ついしがちな言葉かけ

「分かったことをノートにまとめて」

NG

実験・観察結果をまとめさせる

今日は理科の実験をしました。A君はいきいきと楽しそうにやっていました。
先生「では実験で分かったこと、気づいたことをノートにまとめましょう」
A君は『実験は、楽しかった』と書きました。
先生「それだけ？　もっと他にない？」
A君は考えても何も出てこないので、もう実験が嫌になりました。

●どうしてやる気がなくなってしまったのか？

理科の実験をすると、分かったことをノートにまとめさせ、知識を整理させたり定着させたりしたいという思いがあります。ところで理科は嫌いだけど、実験は好きと答える子どもは意外と多いです。先生の授業を聞くよりも、身体を使って実験器具に触れ化学や生物などの様々な事象を体験できるのです。一方で「実験は面倒で嫌い」という子どももいて、その原因に実験の後、実験・観察結果をまとめさるという作業があげられます。

実験・観察をして理解したり体験したりすることと、言葉でまとめることは別のことです。文章を書くことが得意でない子どもにとっては、実験・観察したことを言葉で表すことはとても苦痛になります。そういった子どもに対して実験・観察の結果をまとめさせることを強いると、実験嫌いになるだけではなく理科自体も嫌いになる可能性もあるのです。

代わりにこのようにしてみましょう！

実験を体験することと結果をまとめることは別の学習と考えて指導してみましょう。まとめる際には負担をできるだけ減らすために例えば
・結果をまとめた文章を作っておき、大切な結果のところだけ選択肢で選ばせる。
・文章にまとめる際にはヒントになる言葉（例えば「空気・光・温度・大きくなる・ふくらむ・しぼむ」など）をあらかじめ提示しておく。
・観察したことを絵や図で表す場合は、既に描いたものに追記させるだけにする

といった工夫が効果的です。実験・観察結果をまとめさせることで、国語力である〝まとめる力〟もつけさせようとはせず、まずは実験の楽しさを味わってもらうことを一番に考えましょう。

Point

実験結果をまとめるのは国語力
純粋に実験を楽しもう

ここにも注意

「虹は7色」と言いますが、言語や文化で表現や色の数はバラバラです。日本でも時代や地方によっても違います。言語によって自然のとらえ方が違うのです。自然そのものに言葉や式をあてはめて理解していく作業は理科の目的の一つですが、言葉の使い方が苦手な子どもにとっては理科嫌いにさせる要因の一つにもなってしまうのです。

勉強編
教科別─社会1
7

＼ついしがちな言葉かけ／

「歴史は面白いんだけどなあ」

NG

社会科の学習で社会科の力をつけさせようとする

A君は勉強が苦手です。

お父さん「社会は一番面白いんだけどなあ」

お父さんは歴史が好きで歴史小説をよく読んでいます。そこで歴史を面白く感じてもらえば、きっと社会も好きになると思い、お城に連れて行ったり、歴史ドラマを一緒に見たり、歴史漫画を買ってきたりしました。しかしA君は余計に社会が嫌いになってきました。

●どうしてやる気がなくなってしまったのか？

社会科について大人は子どもに興味をもたせようと、少しでも実際のことに触れさせたり模擬体験させようとしたりします。ただ学習の基本は「読む」→「理解する」→「書く」ということなしには成り立ちません。どんなにすばらしい話であっても、読む力がなければ理解できませんし、体験や活動をしてもその知識を吸収する力、書いてまとめる力がなければ成績につながりません。もしA君が国語が苦手であれば、歴史のような読み物は苦痛であり、それを勧めることで余計に社会が嫌いになるでしょう。また地理では帯グラフ・折れ線グラフ、百分率で表されたデータなどを読み取る力も必要であり、A君が算数が苦手であればその理解も難しくなり、社会科へのやる気は出てこないかもしれません。

代わりにこのようにしてみましょう！

もし社会科が苦手で、国語も算数も苦手であれば、まず国語や算数の力を伸ばすことに力を注ぎましょう。そもそも社会科の教科書を読み取る力は全ての子どもが同じではありません。国語の力が高い子どもとそうではない子どもでは、同じ社会科の教科書の内容を教えても開きが出ます。資料には難しい漢字も語句もたくさん出てきます。また算数の力を伸ばすことで、社会科で学ぶ出来事を論理的に理解する力もついてきます。

「外国から安い品物が輸入される」→「国内でそれらを作る仕事が減る」→「仕事が減ればお金も減る」→「その品物に関税をかける」等は教科書に出てきますが、論理的に考える力が弱ければなかなか理解できなかったりするのです。

Point

社会科は国語や算数の力が基！まずは国語と算数を！

●ここにも注意

難関中学校の入学試験では社会科がないところがあります。それは社会が重要ではないということではなく小学生レベルで社会の事象について深く理解したり、表現したりする問題を作るのが困難だからでもあります。4教科のテストでは同じ百点満点ですが、学校で社会科を学習する時間は国語・算数と同じではありません。社会科の理解が国語力や算数の論理性などのもとに成り立っている所以です。

勉強編
教科別―社会2
8

ついしがちな言葉かけ
「覚えればいいだけだよ」

NG
社会科は暗記させればできると考える

Ａ君は、勉強が苦手で社会科も好きではありません。

お父さん「社会のテスト40点か。社会は覚えればよいだけなんだよ」

お父さんは社会科は算数とは違って、覚えるだけだからまだ簡単だと考えＡ君と色々と一緒に勉強しようとしましたが、Ａ君はますます社会科を嫌がるようになりました。

●どうしてやる気がなくなってしまったのか？

大人からすれば社会科はひたすら記憶したといった体験から、社会科が苦手でも「暗記すればいいのだ」と考えがちです。しかし概して勉強が苦手な子どもは覚えることも苦手です。しかも社会科は覚える言葉が難しい教科でもあります。例えば、教科書には「グローバル化」「多文化社会」「経済特区」「政府開発援助」など生活体験からかけ離れた言葉が出てきます。仮にこれらの語句を覚えてテストで高得点を取っても、すぐに忘れてしまいます。国語や算数は学年が上がっても基礎力が必要なため計算や漢字を含め繰り返し同じ内容を勉強しますが、社会科は同じ内容を繰り返し学習することはあまりありません。

ですので、そもそも暗記が苦手な子どもにとってはなかなか身につかずどうしても苦手に感じてしまうのです。

代わりにこのようにしてみましょう！

社会科に関してはテストの点数は実力とはあまり比例しません。仮に子どもが頑張って社会科の点数が40点から80点に伸びたとしても、社会の仕組みを2倍理解したとは考えにくいでしょう。また、努力と成果のバランスがなかなか取りにくい教科でもあります。

ですので、社会科の苦手な子どもには、いろいろと記憶させようとするよりも図書館で図鑑や歴史漫画を読む、忍者映画や大河ドラマなどを家族で観る、歴史のシミュレーションゲームなどを一緒に楽しむなどから始めてみましょう。どうしてもテストで勉強が必要な際には、語呂合わせなどを一緒に考えてあげるといいでしょう。

Point

無理に覚えさせようとしない 忍者映画を一緒に楽しもう

ここにも注意

社会科は本来、人の生活や人生と深く結びついているものです。それは、どれだけ人生について深く考えたのかという尊い行為でもあります。それらをテストで採点することは、個人の考えに点数をつけることになりますので、そもそも無理なことです。ですので、社会科のテストでは客観的に暗記したことしか出題できないこともあります。

勉強編（教科別）のまとめ

子どもの特性・能力と各教科の性質を考えよう

読書好きになってほしい
暗算はできたほうがいいよ
大人の理想論

●過ちの背景

大人は子どもの頃から各教科を一通り学び、受験も経験しているのでどう勉強するのがいいかといった見通しができています。それらの経験をもとに理想的な学習法を子どもに強いようとします。しかし子どもの特性や能力を考慮せずに行うとうまくいかず逆に子どものやる気を奪ってしまうことにつながります。

やる気を引き出させるポイント

大人は自分の子どもの頃を思い出してみましょう。いくら大人から面白いと言われても難し過ぎるとか興味がなければ決してやらなかったはずです。目の前の子どもがいったいどこで躓いているのか、何に興味があるのかをしっかり見ていきましょう。

何かを期待して
読書させない

苦手な分野が
あってもいい

まずは
算数・国語を
優先しよう

●子ども理解のポイント

子どもは興味がないことはやりたくありません。また分からないことばかりだと嫌になります。苦手なことを強いられるとそれに少しでも関係する科目も嫌になります。例えば理科が嫌いな理由が実験結果をまとめさせること（国語力）にあったりするのです。

Column 3

分数の意味を分かっている数学者はいない？

亡くなられた京都大学の数学者森毅先生は、京都大学で永年にわたって数学を教えておられました。森先生の著書に「日本の数学者で分数の意味をわかっている人は一人もいないと断言できる。ぼくも最近なんとなくわかりかけてきた程度である」ということが書いてありました。夏休みや冬休みの課題に「おしゃれな分数」というテーマーはいかがでしょうか？

3分の1は0・3333…になります。
3分の1に3をかけると1になります。
0・3333…に3をかけると0・9999…になります。
1＝0・9999…だとか、0・9999…が1だとか、いろんな意見があります。
ただ、0・9999…＋0・9999…が「2」になるのは大変そうです。
3分の1は、0・3333…。
3分の2は、0・6666…。
3分の3は、0・9999…。
になるのも不思議です。

あとひとつ。「2分の1」＋「3分の1」＝「5分の2」にするのは、間違いです。ただ、日頃よく使われているのに気付いたことがありましたでしょうか。

「イチロー選手が、昨日は2打数1安打で、今日は3打数1安打。だからあわせて、5打数2安打です」

というような場合です。大学の数学ではこれを、打率式分数計算といって有効とされています。これもなぜ学校の算数では使えないのか、考えてみるのもおしゃれです。ヒントをいいますといくら足しても「1」を超えることはできません。また、引き算・かけ算・わり算はできません。学校で学ぶ以外の「おしゃれな分数」も楽しんでください。

（田中）

第3章

保護者編

保護者の養育意欲を失わせるNG

ズーン
お仕事も大変だと思いますがお子さんと話す時間をつくられていますか?

ついしがちな言葉かけ

「きっと寂しいと思います」

NG

寂しさを愛情不足と考える

Aさんはよく友だちとトラブルになります。また先生にべったりくっつく、先生と友だちの話に割り込む、気を引くような嘘をつくこともあります。先生は親が共稼ぎで忙しく寂しいからではと感じ、お母さんにもっと愛情をかけてほしいと思い、こう伝えました。

「ご両親がお忙しくて、きっと寂しいと思います」。

お母さんはこれを聞いて、気分が落ち込んでしまいました。

どうして気分が落ち込んだのでしょうか？

寂しさから不適応を起こしているかもしれない子どもを目の前にすると、親に対して〝子どもにもっと愛情をかけてほしい〟といった思いをもつことがあります。しかし「寂しいと思います」という言葉の裏には「愛情が不足だ」「家庭に問題があるのでは？」との思いも伝わってしまいます。さらにそう思う背景には「親が仕事ばかりで子どもがいつも一人ぼっちだ」「子どもにかまってあげていない」といった憶測があったりするのです。

しかしほとんどの親は、少しでも頑張ろうと思っていても、どうしようもできないような状況に追い込まれていることもあります。仕事が大変でも子どもに寂しい思いをさせないよう、周りからもそう思われないよう、気を使っているところもあります。そのような状況のなか、〝寂しいのでは？〟という言葉かけは、親にとどめを刺す凶器にもなるのです。

代わりにこのようにしてみましょう！

たとえ子どものためにという思いがあっても「子どもが辛い思いをしているのでは」といったような親を不安にさせるような言葉かけは控えましょう。親が少しでも頑張ろうという気持ちになるには、親自身に少しでも元気になってもらうことが一番です。そのためには、親が普段気になっていること、家庭の状況、子どもとの関係など、先生が親や家庭のことを正しく理解し、必要に応じて学校での子どもの様子を親に伝えるといった姿勢が大切です。もし子どもが寂しい思いをしていると感じたのであれば、先生自身が少しでも子どもに注意して目をかけてあげるなどしてもいいでしょう。

Point

子どもが寂しがっている＝愛情不足？正しく親を理解して一緒に考える！

●ここにも注意

先生方とカンファレンスをしていると不適応のある子どもに対して「この子は愛情不足だと思います」といった意見が聞かれたりします。また愛情不足というと不適切養育や、虐待のうちネグレクトも想像されます。しかしほとんどの不適切養育や虐待は親の愛情が不足して起こるものではなく、様々な要因が影響して起こりうるものです。愛情不足という言葉では説明がつかないことも多いのです。

／ついしがちな言葉かけ＼

「もっと家でほめてあげてください」

NG

何でもほめればいいと考える

A君はいつも自信がないように見えます。落ち着きがなく、授業中に当てても聞いていないことが多いです。ときどき友だちと口論になり手が出ることもあります。A君は家でよく叱られているようで、先生は、家であまりほめられてないからではと感じ、お母さんに「もっと家でほめてあげてください」と伝えました。するとお母さんは、大きなため息をついてしまいました。

どうして元気がなくなってしまったのか？

先生がA君に自信をつけさせてあげようと思う気持ちは分かります。しかし親にとってはそれよりも子どもの状況を先生に知ってもらいたいという気持ちが強いこともあります。右の場合、A君は学校でも落ち着きがなく友だちに手が出てしまう状況から、家でも同様の問題が考えられます。家でも手伝いをせず部屋を散らかし、きょうだい喧嘩ばかりしている、勉強もせずゲームばかりしていて注意すると暴言を吐く、などがあるかもしれません。そういった場合、親はかなり疲弊しているでしょう。それなのにさらに先生から「もっとほめてあげてください」と言われると、この先生は子どもの状況を全く分かってくれていないという不信感につながってしまうのです。

代わりにこのようにしてみましょう！

親に「お母さんがA君のことで困っていることはどのようなことですか？」と聞いてみるといいでしょう。きっと多くの訴えが出てくるでしょう。それらを傾聴した上で、家での親の頑張りや苦労を把握して子どもの状態を正しく共有し合うことからスタートです。そこですぐにアドバイスをしたくなっても極力抑えましょう。

次に、親が子どもを単にほめれば改善するといった問題なのか見極める必要があります。場合によっては、ほめるタイミングや回数なども考慮しなければなりませんし、自信がなく見えるのにはもっと他の問題があるかもしれません。どのような関わりで効果があったのか、逆になかったのかを一緒に整理してあげるといいでしょう。日々の生活の中で、親ができること、先生ができることの役割を明らかにしてもいいでしょう。

Point

子どもをほめるだけでも駄目 親のニーズを正しく知る！

●ここにも注意

「お子さんはとてもいい子ですよ」と子どもをほめたとしても親は必ずしも喜ぶとは限りません。親は子どもを単に賞賛されることよりも、丁寧に見てくれることを望んでいます。ですので、子どものできるところ、苦手なところ、いいところ、課題点などを整理して伝えましょう。ただしネガティブなことばかり伝えると親は〝先生は子どもの悪いところしか見ない〟と拒否的になることもあります。

保護者編

3

＼ついしがちな言葉かけ／

「学校ではいい子ですけどね」

NG

家庭に原因があると考える

Ａ君のお母さんは困っています。Ａ君は、家では言うことを聞かない、弟をいじめる、ゲームばかりして勉強しない、注意すると「うるさい、ババア」と暴言を吐く、などの態度です。お母さんは先生に相談しました。

先生は驚きました。学校では〝真面目で頑張り屋さん〟という印象だったのです。「学校ではとてもいい子ですけどね」と言いました。それを聞いてお母さんの顔が曇りました。

●どうして気分が落ち込んだのでしょうか？

学校と家で態度が違う子どもがいれば、どちらかに何か問題があるのではと感じてしまいがちです。このケースは、〝学校ではいい子だけど家で問題がある〟といった場合ですが、その逆の〝学校で問題があるが、家ではいい子〟といった場合もあります。その場合、親は〝学校に問題があるのでは？〟〝先生の指導力不足では？〟と感じるかもしれません。同様に、家だけで問題があるのは〝家の躾ができていないのでは？〟〝家庭に何か問題があるのでは？〟と先生が感じるのも無理はないでしょう。そう先生が感じたときにふと発する言葉が「学校ではいい子ですけどね」なのです。お母さんは困って先生に相談したのに、逆に〝家庭に問題あるのでは〟と言われた感じになり余計に辛い気持ちになったのです。

代わりにこのようにしてみましょう！

学校か家のどちらに原因があるかを突き止めることにあまり意味はありません。学校では先生が怖くて猫をかぶっているだけかもしれません。ですので、どちらに原因があるのかと考えるより、一緒に子どもをどう支えていくかを考えましょう。そのためにまずは相手の苦労をねぎらう言葉かけが大切です。「A君は学校でのストレスを家で甘えることで発散しているのかもしれません」「お母さんが家でしっかり受け止めておられるので助かります」というものです。その上でA君に学校や家で何かしんどく感じていることや不安なことがないかなどを聞いてみて、その情報を親と共有していきましょう。

Point

学校でだけいい子は家の問題？子どもは相手・場所によって態度を変えることも

●ここにも注意

子どもが相手や場所によって態度を変えることは、必ずしも悪いことではありません。むしろ、学校と家での態度が違うのが普通であるということもあります。それは子どもなりの処世術であり、将来的に必要となるスキルです。しかし親から家で問題ないと言われているにも関わらず学校で問題が多い場合の中に、虐待がある可能性もあります。家庭訪問などで状況を見極める必要があります。

＼ついしがちな言葉かけ／

「カウンセラーに相談されたらどうですか？」

NG

すぐに専門家につなげようとする

Aさんは最近不登校傾向です。朝、急に行きたくないと言い出します。理由を聞いても「行きたくない」としか答えません。夫に相談しても「しばらく様子をみよう」としか言ってくれません。お母さんは不安になり担任の先生に相談してみました。

先生は「私も心配していたのです。カウンセラーに相談されてはどうですか？」とお母さんに伝えました。それを聞いてお母さんは、気分が落ち込みました。

●どうして気分が落ち込んだのでしょうか？

先生はお母さんから相談されて、少しでも早く何とかしてあげたい気持ちや焦りからすぐに専門家につないだほうがいいと考え、カウンセラーを紹介しようとしたようです。しかしお母さんが先生に相談したのは、専門家にAさんが不登校になった理由を聞きたかったのではありません。お母さんは一人でAさんの不登校の問題を抱え込み、その不安な気持ちを誰かに共有してほしいという思いがあったのです。一方、「カウンセラー」というと、担任では手に負えない何か深い心の病があるのではと相手に感じさせてしまいます。お母さんには、先生は自分の気持ちに寄り添ってくれずカウンセラーに投げた、といった態度に見えてしまい、突き放された気持ちになってしまったのです。

代わりにこのようにしてみましょう！

子どもに何か問題が生じたとき何とかしてすぐに○○しなければと考える前に、その親や子どもをいったん受け止めてあげるといった姿勢が大切です。右の例では、結果的にカウンセラーにつなげることになっても、まずはお母さんの不安に寄り添ってあげるほうがいいでしょう。不登校のほとんどの場合、問題となるのは親が子どもの将来への不安から精神的に不安定になり、それがさらに子どもによくない影響を与え、悪循環になってしまうことです。ですので、不登校の場合はとくに親の精神的な安定が子どもへの支援の近道となります。ここでは母親を少しでも安心させてあげることが一つのポイントですので、いきなりカウンセラーにつなげるのではなく、担任も、管理職等に相談して、組織的に子どもを見ていきますといった姿勢を示すことが効果的でしょう。

Point

親からの相談はすぐに答えがほしい？まず親に安心感を！

●ここにも注意

全国の不登校者の数は、小学校では毎年4万人を超え、中学校では11万人を超えています。ただ不登校のまま卒業しても大半の人が普通の生活を送っています。そういった先の見通しを親に伝え、子どもの将来に対する不安を取り除いてあげることも大切です。一方で不登校の中にも精神疾患が原因である場合もあります。その際は早めに精神科医やカウンセラーなどの専門家に任せましょう。

最近、Aは「学校へ行きたくない」と言って休みます
そうですか。私も心配していました
お母さんも大変ですね。Aさんは家ではどんな様子ですか？
親ごさんも不安でいっぱいだな…
ホッ
しばらく学校でもAさんの様子をみんなで見ていきますね

＼ついしがちな言葉かけ／

「お子さんと話す時間を作られていますか？」

NG

子どものためにしてほしいと思う

Aさんのお母さんはシングルマザーです。朝早くから夜遅くまで働いています。寂しい思いをさせないように少しでも早く家に帰りAさんとの時間を取るようにしたいと頑張っています。あるとき先生との面談でこう言われました。

「お仕事も大変だと思いますが、お子さんと話す時間を作られていますか?」。これを聞いてお母さんは、とても気持ちが沈んでしまいました。

●どうして気分が落ち込んだのでしょうか?

先生の中には、子どものために言うことであれば親はきっと分かってくれる、少しでも前向きに取り組んでくれる、と考える方もおられます。右の例も先生がAさんを気にかけてくれている気持ちは分かります。しかし現在、子どもの貧困家庭は7人に1人と言われていますが、ひとり親世帯に限ると半数と言われています。経済的な問題から塾や習い事、部活動、進学なども諦めざるを得ない状況の中で、親として負い目をもちつつも、せめて一緒にいる時間は少しでも増やしたいという切実な思いをもっていたりします。そのような中、「お子さんと話す時間を作っておられますか?」という何気ない言葉かけでも、ひとり親にとってはしたくてもできない難しいことであり、自分の状況を全く分かってもらえないという悔しさを感じたり、子どもに対する罪悪感をもってしまったりするのです。

代わりにこのようにしてみましょう！

日々身を粉にして頑張っていて全く余裕がないような親の状況を想像して、そのような親を支えるのにはどのような関わりが適切かを考えます。子どもの成長のためにと、親に「こうしたほうがいい」といったアドバイスをするより、親が時間を取れず子どもとゆっくりと関わることができない、話を聞いてあげることができないのなら、連絡帳などを通じて〝学校での出来事を親に伝える〟〝一緒に子どもの成長の変化を見守る〟などして子どもの様子を親に伝えるといったことでもいいでしょう。もし親と話す僅かな機会があったら、「この機会を利用して親に何か伝えなくては」というのではなく、逆にそういうときだからこそ、親が学校や子どもについて思っていること、感じていることに耳を傾けましょう。

Point

子どものためなら分かってくれる？忙しい親はアドバイスより〝分かってほしい〟

■ここにも注意

今は先生方も疲弊していて〝学校教育は家庭教育が基本でなければ成り立たない〟と考える先生もおられます。しかし貧困を含め様々な背景の家庭がありますので、親が子どもに対してあまり時間がとれていない状況があっても、決して手を抜いているのではない、怠けているのではない、といった視点が大切です。

保護者編のまとめ

保護者も自分を理解してほしい

保護者への期待や評価

■過ちの背景

子どものために保護者はもっと努力してほしいといった先生の気持ちが、保護者にプレッシャーをかけてしまいます。すると保護者もますます子育てへの自信を失い、やる気を失ってしまうのです。また難しい子どもを保護者のせいにすることで、保護者をより孤立させてしまいます。

●保護者支援のポイント

子どもへの最も効果的な支援は、保護者自身に子どものために頑張ろうと思ってもらうことです。そのためには、保護者のペースを観察する（基本的には保護者のやり方を否定しない）、保護者にこうなってほしいと期待せず、子どもの成長を目標にする（長年、家族内で試行錯誤をしてきた結果うまくいっているような対応を支援のヒントにする）などが大切です。

保護者は
どんなことで
困っている
のだろう

保護者と一緒に
できることを
考えていこう

保護者から
子ども支援の
ヒントをもらおう

●保護者理解のポイント

保護者自身が認められることで子どもも認めていけます。具体的には

・自分の体験が認められたとき
・子どもにとっての自分の役割が分かったとき
・子どもに変化がみられたとき

などが保護者のやる気にもつながっていきます。

おわりに

「いったい何が起きたのですか？」「いったい何があったのですか？」というメールを宮口氏からもらった。友人として25年間で初めての敬語のメールだった。16時間に及ぶ手術に耐え、さらに10回以上も手術に耐えてきたのにもかかわらず、さらに大きな病魔が襲った。「生きることがつらい」「ほんとうに苦しい」「助けてほしい」というメールを何度も精神科医である宮口氏に送った。普段は子どもたちに「生きる力」が必要と言いながら、自分には生きる力がないのではないかと思った。そんな折に「一緒に何かしようよ」「社会的に有意義なことを一緒にやろうよ」と言われたことが、この本を書く出発点だった。

楽しい話や面白い話はたくさん出版されている。また勉強が得意な子ども向けの本もたくさん出版されている。そうではなくて、学校や家庭でつらい思いをしたり、やる気をなくしたりして、さらに悪循環に陥っている子どもたちを何とか少しでも苦痛を和らげることが、残された人生で教師としてできることではないかと、宮口氏から何度も何度も説得されてようやく筆を執った。わたしが執筆した箇所でもし、ひとつだけをあげるならばどこかと聞かれたら「勉強が嫌いではない。孤立が怖いのである」という箇所である。孤独は人を傷つける。他人だけではなく、自分を最も傷つける。本書を書きながら、病魔に襲われたわたしを家族のように励ましてくれた宮口氏に感謝申し上げたい。「生きる力がないときには、生きさせていただく力があればよい」と考えだせたのだ。

また、「(生きようと) やる気をなくさないように」してくれた全ての子どもたちに感謝したい。子どもたちの成長がわたしの気持ちを支えてくれたのは、明らかである。子どもたちがいたことで自分の「やる気」をなくさないように今まで生きてこれた。

むかしは、運動中に「水を飲んではいけない」というのが普通だった。真夏の炎天下で5時間も6時間も運動場で練習しても一滴の水も飲んではいけなかった。それが「正しい」と信じられていたからだ。今はむしろ積極的に水を飲むように指導されている。医学・保護者・教師の立場から大きく変わったからである。注意するべきことは、そこにはだれも「悪人」はいないということである。また「犯人」もいない。

よいことだと思われていたことがいけなかったとか、いけないとされていたことが後になっていいとされたとか、たくさんある。もしも本書を読まれてそのことで、やる気をなくしている子どもが救われたならば、それ以上の喜びはない。

子どもを教えるにあたって、「自分の考えは間違いない。絶対に正しい」と思いたい。しかしそれでも「本当にそれでよいのか？」「もっとよい方法はないのか？」「本当は自分が間違っているのではないだろうか？」という自分の考えを疑い続ける立場で在り続けたい。もしも、本書で「違うのではないのか」「こうすればもっとよいのではないのか」という意見があればそれは、わたしたちへの批判ではなく応援の声だと受け止めさせていただきたい。

2020年3月3日　田中 繁富

子どもたちを変えるトレーニング「コグトレ」とは？

ここではやる気が出てきても勉強や運動、友達関係などがなかなかうまくいかない子どもたちに対して、「認知」に着目した新しい支援法をご紹介します。本書と併せてご利用されることで、少しでも子どもたちのやる気がうまく結果につながることを願っております。

〝コグトレ〟はもともと非行少年たちに少しでもよくなってもらって社会に返してあげたいといった思いから始まったトレーニングです。〝コグトレ〟とは、「認知○○トレーニング（Cognitive ○○ Training)」の略称で、○○には

「ソーシャル（→社会面）Cognitive Social Training：COGST」
「機能強化（→学習面）Cognitive Enhancement Training: COGET」
「作業（→身体面）Cognitive Occupational Training: COGOT」

が入ります。学校や社会で困らないために3方面（社会面、学習面、身体面）から子どもを支援するための包括的プログラムです。

現在の学校教育は国語や算数といった教科教育が主ですが、私的には社会性こそが教育の最終目標ではないかと思っています。勉強だけできても社会性に問題があればこの社会でうまく生きていけないばかりか、犯罪につながる可能性もあります。ＩＱが高くても、これをやればどうなるか？といったことが予想できない子どもたちがいます。また感情コントロールがうまくいかなければ正常な判

コグトレ・プログラムの概念図

社会面	対人スキルの向上	感情(段階式)、対人マナー、危険予知、問題解決トレーニング	認知ソーシャルトレーニング COGST
学習面	基礎学力の土台作り	覚える、見つける、写す、数える、想像する	認知機能強化トレーニング COGET
身体面	不器用さの改善	自分の身体、物と自分の身体、人の身体と自分の身体	認知作業トレーニング COGOT

断ができなくなります。もちろん勉強はできるに越したことはありません。勉強への挫折が非行化につながるケースも多く見てきました。それには学習の土台となる見る力、聞く力、想像する力をつける必要があります。さらに身体面への支援も欠かせません。身体的不器用さは周囲にばれて自信をなくしイジメのきっかけになることもあるからです。したがって社会面、学習面、身体面の3つの方向からの子どもの理解と支援が必要なのです。コグトレはそれらを支援する包括的プログラムで現在、学校、医療機関、児童デイサービスなど多くの機関で使用されています。

詳しくは下記の書籍をご参考ください。
- 認知ソーシャルトレーニング:「1日5分! 教室で使えるコグトレ 困っている子どもを支援する認知トレーニング122」(東洋館出版社)
- 認知機能強化トレーニング:「コグトレ みる・きく・想像するための認知機能強化トレーニング」(三輪書店)
- 認知作業トレーニング:「不器用な子どもたちへの認知作業トレーニング」(三輪書店)

また、実際にコグトレをご体験して頂くためのワークショップを随時開催していますので、ご関心のある方は「日本COG-TR学会」ホームページ(http://www.cog-tr.net/)をご覧ください。

本書は、小学館集英社プロダクションから２０１７年に刊行された『子どものやる気をなくす30の過ち』を改訂したものです。

著者

●宮口幸治（みやぐち・こうじ）

立命館大学産業社会学部・大学院人間科学研究科教授。医学博士、日本精神神経学会専門医、子どものこころ専門医、臨床心理士、公認心理師。京都大学工学部卒業、建設コンサルタント会社勤務の後、神戸大学医学部医学科卒業。大阪府立精神医療センターなどを勤務の後、法務省宮川医療少年院、交野女子学院医務課長を経て、2016年より現職。児童精神科医として、困っている子どもたちの支援を教育・医療・心理・福祉の観点で行う「日本COG-TR学会」を主宰し、全国で教員向けに研修を行っている。

著書に『教室で困っている発達障害をもつ子どもの理解と認知的アプローチ』『性の問題行動をもつ子どものためのワークブック』『教室の「困っている子ども」を支える7つの手がかり』（以上、明石書店）、『不器用な子どもたちへの認知作業トレーニング』『コグトレみる・きく・想像するための認知機能強化トレーニング』（以上、三輪書店）、『1日5分！ 教室で使えるコグトレ――困っている子どもを支援する認知トレーニング122』『もっとコグトレさがし算60 初級・中級・上級』『1日5分教室で使える漢字コグトレ小学1 ～ 6年生』『学校でできる！　性の問題行動へのケア』（以上、東洋館出版社）、『ケーキの切れない非行少年たち』（新潮社）などがある。

●田中繁富（たなか・しげとみ）

小学校教諭

NGから学ぶ 本気の伝え方
――あなたも子どものやる気を引き出せる！

2020年４月15日　初版第１刷発行

著　者：宮口幸治・田中繁富

発行者：大江道雅
発行所：株式会社 明石書店
〒101-0021　東京都千代田区外神田6-9-5
電話：03(5818)1171　FAX：03(5818)1174
振替：00100-7-24505　http://www.akashi.co.jp/

ブックデザイン：村崎和寿
イラスト：ひろいまきこ
印刷・製本所：モリモト印刷株式会社

（定価はカバーに表示してあります）
ISBN978-4-7503-5005-9

JCOPY〈出版者著作権管理機構　委託出版物〉
本書の無断複製は著作権法上での例外を除き禁じられています。複製される場合は、そのつど事前に、出版者著作権管理機構（電話 03-5244-5088、FAX 03-5244-5089、e-mail: info@jcopy.or.jp）の許諾を得てください。

教室の「困っている子ども」を支える7つの手がかり
この子はどこでつまずいているのか？
宮口幸治、松浦直己著　◎1300円

教室の困っている発達障害をもつ子どもの理解と認知的アプローチ
非行少年の支援から学ぶ学校支援
宮口幸治著　◎1800円

性の問題行動をもつ子どものためのワークブック
発達障害・知的障害のある児童・青年の理解と支援
宮口幸治、川上ちひろ著　◎2000円

読んで学べるADHDのペアレントトレーニング　むずかしい子にやさしい子育て
シンシア・ウィッタム著
上林靖子、中田洋二郎、藤井和子、井潤知美、北道子訳　◎1800円

むずかしい子を育てるペアレント・トレーニング　親子に笑顔がもどる10の方法
野口啓示著　のぐちふみこイラスト　◎1600円

親力をのばす0歳から18歳までの子育てガイド　ポジティブ・ディシプリンのすすめ
ジョーン・E・デュラント著
セーブ・ザ・チルドレン・ジャパン監修　柳沢圭子訳　◎1600円

エピソードで学ぶ　子どもの発達と保護者支援
発達障害・家族システム・障害受容から考える
玉井邦夫著　◎1600円

発達が気になる子の「ステキ」を伸ばすかかわり方
家庭や地域でできるポジティブ発想
加藤潔著　◎1600円

発達につまずきがある子どもの子そだて
発達障害がある子の「生きる力」をはぐくむ1
はじめての関わり方　湯汲英史編著　◎1500円

子どもと変える　子どもが変わる　関わりことば
発達障害がある子の「生きる力」をはぐくむ2
場面別指導のポイント　湯汲英史著　◎1500円

ことばの力を伸ばす考え方・教え方
発達障害がある子の「生きる力」をはぐくむ3
話す前から一・二語文まで　湯汲英史編著　◎1500円

発達障害がある子のための「暗黙のルール」
〈場面別〉マナーと決まりがわかる本
ブレンダ・スミス・マイルズほか著　萩原拓監修　西川美樹訳　◎1400円

家庭や地域における発達障害のある子へのポジティブ行動支援PTR-F
子どもの問題行動を改善する家族支援ガイド
グレン・ダンラップほか著　神山努、庭山和貴監訳　◎2800円

考える力、感じる力、行動する力を伸ばす　子どもの感情表現ワークブック
渡辺弥生編著　◎2000円

3000万語の格差　赤ちゃんの脳をつくる、親と保育者の話しかけ
ダナ・サスキンド著　掛札逸美訳　高山静子解説　◎1800円

イラスト版　子どもの認知行動療法【全10巻】
ドーン・ヒューブナーほか著
ボニー・マシューズほか絵　上田勢子訳　◎各巻1500円

〈価格は本体価格です〉